SHODENSHA
SHINSHO

スタグフレーション

——生活を直撃する経済危機

加谷珪一

JN110564

祥伝社新書

はじめに

長くデフレ（＝デフレーション。物価の継続的下落）が続いてきた日本でも、いよいよインフレ（＝インフレーション。物価の継続的上昇）が顕著になっていることは、みなさんよくご存知でしょう。

今回の物価上昇の直接的な原因は、原油価格の高騰やロシアによるウクライナ侵攻、あるいは円安などですが、それだけではここまで大規模なインフレは発生しません。詳しくは本文で解説しますが、一連の物価上昇には、全世界的な需要拡大と量的緩和策によるカネ余り、米中対立による物流網の混乱など、さまざまな要因が複合的に絡《から》み合っています。

もし単純な要因で価格が上がっているのなら、これらの問題が一段落すれば物価上昇は収まるとの予想が成り立ちます。ところが、多くの専門家が今回の物価上昇は一時的なものではないと考えています。その理由は、数年前から全世界的な需要の拡大にともない、物価が上がりやすい状況が続いており、事態が改善する見込みが薄いからです。

近年、中国や東南アジアなど、新興国の経済成長によって生活が豊かになっており、エネルギーや食糧の消費が急拡大していました。いっぽう、天然資源の多くは急に生産量を増やすことができませんから、需要過多と供給不足によって、価格には上昇圧力が加わります。こうしたところにコロナ危機やウクライナ侵攻などが重なり、価格上昇が一気に本格化したというのが一連の流れです。

さらに言えば世界各国は、リーマン・ショックから経済を立ち直らせるため、大量のマネーを市場に供給する量的緩和策を実施してきました。

歴史が示している通り、マネーが市場に大量供給されればインフレが進みやすくなります。根本的な需要過多の状況に大量のマネー供給が加わり、さらに感染症や戦争という非常事態が重なったことで、インフレが加速しているわけです。これらの要因がすぐに解消する可能性は低く、結果として多くの専門家がインフレの長期化を予想しています。

もっとも米国など諸外国では、景気は過熱気味に推移しており、その結果として物価上昇が激しくなっていました。このため、金利を引き上げて景気を冷やし、これによって物価を抑制するという手段を選択できます。実際、米国は金利引き上げペースを加速しており、景気を犠牲にしてでも物価を抑制する方針です。

ところが日本の場合、そうはいきません。日本では長く不景気が続いており、国内経済は低金利が大前提となっています。このため、急に金利を引き上げると、景気が一気に腰折れしてしまう可能性があり、諸外国のような高金利政策を採用できないのです。

インフレ自体やっかいな現象ですが、さらに恐ろしいのは不景気下でのインフレ、つまり「スタグフレーション」です。経済がスタグフレーションに陥った場合、ほとんどの経済政策が効果を発揮しなくなり、そこからの回復はきわめて困難です。スタグフレーションは、各国経済にとって、もっとも回避しなければならない事態の1つと言ってよいでしょう。

諸外国もインフレ対策を誤ればスタグフレーションに陥る可能性は十分にありますが、そもそも不景気が続いている日本の場合、特にスタグフレーションのリスクが高いと言わざるを得ません。つまり日本経済は、恒常的な不景気に物価上昇が加わるという最悪の事態に陥る可能性が十分に考えられるのです。

本書は今、日本で起こっている物価上昇について、可能な限り詳しく、かつ平易に解説することを目的に執筆しました。

日本は過去30年にわたってデフレが続いていましたから、多くの人がインフレというものの現実についてよく理解していません。これまでの時代は、デフレさえ脱却すれば日本経済が鮮やかに復活するという安易な主張をよく耳にしましたが、インフレはそのような生《なま》やさしいものではありません。いったん、制御できないインフレが始まってしまうと、国民生活にはきわめて大きなダメージが及びます。

インフレがどのようなメカニズムで発生し、モノの価格がどう変化していくのか、それによって私たちの生活にいかなる影響が及ぶのか、順を追って解説していきます。また最終的にインフレを克服する方法や、家計における防衛手段についても言及します。

本書は、6つの章で構成されています。第1章では、このところ相次いでいる値上げについて、どのような商品の価格が上がっているのか、家計にはどのような影響が及んでいるのかについてまとめました。とりあえず第1章を見ていただければ、物価上昇の現実がおわかりいただけると思います。

第2章では、製品やサービスの価格が決まる仕組みについて解説します。ガソリン価格が原油に連動して動くことや電気料金の算定ルール、あるいは商品のコスト構造などを明らかにすることで、何が価格に影響を及ぼしているのかを明らかにします。土地の価格が上がっていないのにマンションが値上がりする理由などについても触れていきます。

第3章は、円安についてです。日本の場合、資源価格の高騰に加え円安という要因が加わっているので、物価にはさらに大きな上昇圧力が加わります。日本は多くの商品を輸入に頼っており、輸入なしで生活を成り立たせることはできません。加えて、円安を防ぐため金利を上げる選択肢がほぼ閉ざされており、これが対応を難しくしています。日本が置かれた袋小路的な状況について解説します。

第4章は、1970年代に発生した深刻なインフレについてです。当時のインフレも原油価格の上昇に、貨幣的要因が加わったものであり、今回と状況がよく似ています。状況が似ているということは、今回のインフレも深刻であることの裏返しですが、当時の経緯を分析すれば、現状を打開するヒントが得られるはずです。

第5章は、インフレが発生するメカニズムについて解説します。基本的に経済は需要と供給で成り立っていますが、インフレが発生すると需要曲線や供給曲線がシフトし、これが価格を引き上げる作用をもたらします。インフレのやっかいなところは一般的な景気対策を実施できないことですが、その理由について経済理論の面から解説していきます

第6章は、インフレ時代における生活防衛術です。インフレが進んでいる時には、生活はどう防衛すべきなのか、資産形成はどうあるべきなのか、物価上昇のメカニズムに沿って考えます。インフレ時に現金保有は危険ですが、いっぽうで、株式投資も必ずしも安全とは言えません。住宅ローンの借り方についても工夫が必要となります。

インフレは多くの人にとってきわめてやっかいな出来事であり、対策も限られてきます。しかし過去にもインフレは発生しており、多くの人が知恵を絞って乗り越えてきた歴史があります。重要なのは、イメージや噂に惑《まど》わされることなく、事実をもとに適切に対処することです。そのためには物価上昇の仕組みについて、正しい知識を身につけることが肝要です。それでは、順に説明していきましょう。

加谷《かや》珪一《けいいち》

目次

第2章

モノの価格はどう決まるか?

第3章

円安がインフレを加速させる

第4章

オイルショックから学ぶ

本文デザイン　盛川和洋
本文ＤＴＰ　キャップス
図表作成　篠　宏行

第1章

インフレの到来

見えなかった値上げ

「はじめに」でも述べた通り、２０２２年の春以降、食料品を中心に、多くの商品価格が値上がりしています。春は新年度のスタートと重なりますから、もともと3月や4月に値上げを実施する企業が多く、値上げが目立ちやすい時期と言ってよいでしょう。しかし、一連の値上げは２０２２年になって急に実施されたわけではありません。価格の引き上げは、すでに1年以上前から顕著となっていました。

では、なぜ商品の価格が上がっているのに、私たちはそれに気付かなかったのでしょうか。その理由は、消費者には見えにくい形で値上げが行われていたからです。

企業は商品を仕入れ、それに付加価値を乗せて消費者に販売しています。景気が良い状態であれば、企業の仕入コストが上昇した分は、容易に価格に転嫁することができます。ところが不景気の時には消費者の購買力は低下しますから、価格を上げると販売数量が減ってしまう恐れがあります。このような事態に直面した一部の企業は、価格は据え置いて内容量を減らす、あるいは製品の質を下げるなど、外からはわかりにくい形で値上げを実施します。

たとえば200円の価格で内容量が10個だったお菓子が、価格は同じ200円のまま、内容量を8個に減らすといった措置がこれに該当します。こうした値上げについて、巷《ちまた》では「見えにくい値上げ」という意味で「ステルス値上げ」などと呼んでいます。

同様に、価格を据え置きつつ、使用する素材の質を落とすという形でコストを削減する方法もあります。

従来は、150円のキッチンペーパーはB品質、200円のキッチンペーパーはA品質だったと仮定しましょう。企業はどこかのタイミングで製品ラインアップを一新するのですが、新しいラインアップでは、200円のキッチンペーパーにB品質の素材を用い、従来、200円の製品で使っていたA品質の素材は、さらに価格が高い300円のキッチンペーパーで使用します。製品の品質について吟味する消費者であれば、質が下がったことがわかりますから、お金に余裕がある人は300円の商品に切り換えることでしょう。いっぽう、そこまで品質を気にしない人の場合、従来と同じ価格帯である200円の商品を継続購入すると考えられます。

製品体系全体で考えれば、より高い価格帯にシフトできたことになりますから、実質的な値上げということになります。

本来、こうした値上げは正攻法ではないのですが、不景気が長く続いた日本では、名目上の値上げを決断しにくく、見えにくい形での値上げが続いてきました。誰にもわかる形で物価が上がっていなかったのは、これが原因です。一連の値上げは、全世界的な物価の上昇にともなう原材料価格の高騰が大きな要因ですから、一時的にステルス値上げでしのいでも、根本的な解決にはなりません。

国内では、2020年あたりからステルス値上げが目立つようになっていましたが、2021年までは名目上の値上げに踏み切る企業は少数派でした。2年間、ステルス値上げで何とか我慢してきたものの、いよいよコスト上昇に耐えられなくなり、各社がいっせいに名目上の値上げに踏み切ったのが2022年春と考えてよいでしょう。

モノの価格はどう変わったか?

どのような商品の価格が上がったのか、具体的に見てみましょう。

図1（20~21ページ）は2022年1月以降、値上げを実施した製品やサービスのリス

トですが、食品類が多く、小麦粉や食用油など基本的な食材を使用する製品の値上げが顕著であることがわかります。パンや食用油についてはすでに複数回値上げを実施しているケースもあり、他の商品でも２０２２年中に複数回の値上げが行われる可能性があります。

値上げの幅は製品によって異なりますが、10％程度の値上げ幅を設定する企業が多いようです。帝国データバンクが行った調査でも似たような結果が得られています。同社が主要食品メーカー１０５社に対して販売価格の調査を行ったところ、２０２２年4月までに値上げを実施した品目は４０００を超えており、平均的な値上げ幅は11％でした。

値上げ幅が一定範囲に収束していることには理由があります。

消費者に販売する最終製品とは異なり、企業が仕入れる商品（原材料など）は、高い頻度で価格が上がります。しかし、原材料価格が上がるたびに最終製品の価格を調整していては、消費者が混乱してしまいます。企業にとっても、価格を上げた場合、どの程度までなら売上高が落ちないのか、最終的な損益はどうなるのかなど、事前に調査する必要があるため、価格改定をしすぎると非効率になります。

このため企業としては、ある一定範囲を超えてコストが上昇した場合でも、消費者への

時期	品目	メーカー	値上げ幅
4月	バス、トイレ	LIXIL	最大40%
5月	飲料(コカ・コーラ)	コカ・コーラ ボトラーズジャパン	約5〜8%
	即席麺	東洋水産、明星食品、日清食品	約6〜12%
6月	飲食店	CoCo壱番屋	11〜33円
		天丼てんや	10〜30円
	お茶づけ海苔	永谷園	約5〜9%
	アイスクリーム	森永乳業	7〜10%
	焼酎	宝酒造	1〜8%
7月	香辛料	ハウス食品	約11%
	オリーブオイル	日清オイリオ	5〜30%
	菓子類	ネスレ日本	約10%
	飲料(エビアンなど)	伊藤園	約10%
	コーヒー(セブンカフェ)	セブン-イレブン・ジャパン	10%
	ワイン	メルシャン	8〜10%
	飲食店	ケンタッキーフライドチキン	4〜5%
		モスバーガー	5〜9%
8月	菓子類	江崎グリコ	約6%
		カルビー	5〜20%
10月	ビール	アサヒビール	6〜10%
		キリンビール	6〜17%
	飲料(コーヒーなど)	ダイドードリンコ	9〜25%
	回転寿司	スシロー	約10%
	たれ、みりん	キッコーマン	4〜11%
秋以降	衣類	しまむら	3〜4%

※値上げを複数回行っている商品については初回のみ記載

出所:各種資料をもとに筆者作成

図1　2022年1月以降の値上げリスト

時期	品目	メーカー	値上げ幅
1月	食パン、菓子パン	山崎製パン	平均7.3%
	小麦粉、パスタなど	日清製粉ウェルナ	約3～9%
2月	ハム、ソーセージ	日本ハム	5～12%
	食用油	J-オイルミルズ	1kgあたり40円
	すり身など	日本水産、紀文食品	約4～13%
	醤油	キッコーマン、ヤマサ醤油	約4～10%
	マヨネーズ	キユーピー	約2～10%
	トイレットペーパー	日本製紙クレシア	10%
	冷凍食品	日本水産、日清製粉ウェルナ、マルハニチロ	2～23%
	ジャム	アヲハタ	3～7%
	スナック菓子（ポテトチップス）	湖池屋	6～11%
	アルミホイル	東洋アルミエコープロダクツ	15%
3月	マヨネーズ	味の素	約2～10%
	サバ缶	ニッスイ、マルハニチロ	約3～20%
	ドーナツ	ミスタードーナツ	約7～9%
	コーヒー	味の素AGF	約20%
	路線バス運賃	西日本鉄道	10～150円
	ハム、ソーセージ	伊藤ハム、丸大食品	約4～15%
	ティッシュ、トイレットペーパー	大王製紙	約15%
4月	スナック菓子（うまい棒など）	やおきん	20%
	トマトケチャップ	カゴメ	約3～9%
	チーズ	雪印メグミルク、明治	4.3～10%
	牛乳、ヨーグルト	雪印メグミルク、森永乳業、明治	1.5～8%
	紙おむつ	花王	約10%
	コーヒー	スターバックスなど	10～55円
	ボンカレー	大塚食品	1箱あたり11円
	麺類	東洋水産	6～13%
	ドレッシング	日清オイリオ	6円
	みそ	ハナマルキ	約5～13%
	ウイスキー	サントリー	5～28%
	家電製品	ソニー、日立、パナソニック	3～31%
	タイヤ	ブリヂストン	約7～10%
	照明器具、蛍光灯	パナソニック	5～30%
	壁紙、カーテン	サンゲツ	18～24%
	高速道路料金	首都高速道路	上限を1320円から1950円に

インパクトを考慮に入れて値上げ幅を決定します。1割程度の値上げが、おそらく消費者にとっても受け入れやすいギリギリの範囲であり、結果として、値上げ幅は10％前後に収束しているのです。

この話を逆に考えれば、企業はコスト上昇分を吸収できるまで、10％程度の値上げを何度も繰り返す可能性が高いということになります。すでにパンや食用油はそうなっていますが、今後も原材料コストの上昇が続いた場合、同程度の値上げが複数回実施されると考えてよいでしょう。

値上がりしやすい商品、しにくい商品

では、一連の値上げによって日本全体の物価はどのように推移しているのでしょうか。

全体の物価を示すもっとも端的な指標は消費者物価指数（ＣＰＩ）であり、２０１３年以降の推移を示したのが図2です。コロナ危機による一時的な下落はあったものの、日本の物価はゆっくりとしたペースで、着実に上がっていることがわかります。そして２０２1年以降、その上昇ペースが加速しています。

図2 消費者物価指数の推移

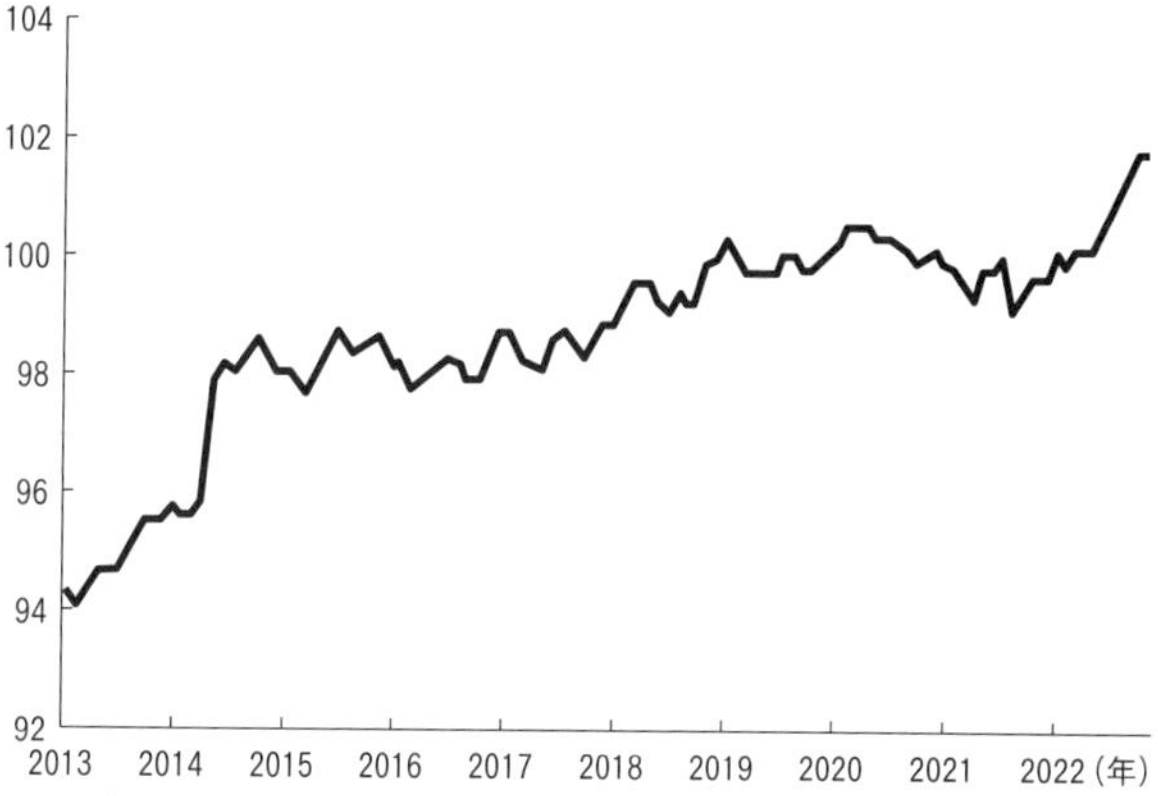

※2020年を100とした時の相対値

出所:総務省をもとに筆者作成

確かに指数は上がっているのですが、経済統計としての指数上昇と体感上の値上がりには大きな隔《へだ》たりがあります。つまり、消費者物価指数は体感上の値上がりほどには上がっていません。それにはいくつかの理由があります。

消費者物価指数はあらゆる製品やサービスの価格を平均したものですから、全体の物価上昇が本格化しないと指数が大きく上昇することはありません。詳しくは第2章以下で解説しますが、商品には価格が上がりやすいものとそうでないものがあります。

価格が上がりやすいものの典型と言えば、電気料金、ガス料金、ガソリン価格でしょう。これらは、基本的に原油価格から直接的な影響を受けます。このため、全体の物価動向に関係なく、原油価格が上昇すると、価格が一気に跳《は》ね上がります。しかも消費者にとっては、価格が上がったからといって、クルマの利用をやめたり、電気を使わないというわけにはいきませんから、基本的に他の選択肢がありません。

図3は、2020年以降の電気料金、ガス料金、ガソリン価格の推移を示したものです。2021年の年初に6300円前後だった電気料金が、2022年8月には何と918円まで上昇しています。特に2021年後半からはほぼ毎月値上げという状況であり、消費者の財布を直撃しています。

ここで示されている料金は東京電力の平均モデル世帯ですが、これは、30Aの契約、月あたり260kW時の消費電力が基準となっています。近年は家庭での電力消費が増えており、一部ではオール電化など、ほとんどのエネルギーを電力で賄《まかな》っている世帯も増えてきました。ですから、さらに高額な請求になっている人が多いのではないかと思います。

ガス料金も同じような動きを見せています。2021年の年初に4300円前後だったガス料金（東京ガスの標準世帯）は、2022年6月時点で5808円と6000円に迫

図3　電気料金、ガス料金、ガソリン価格の推移

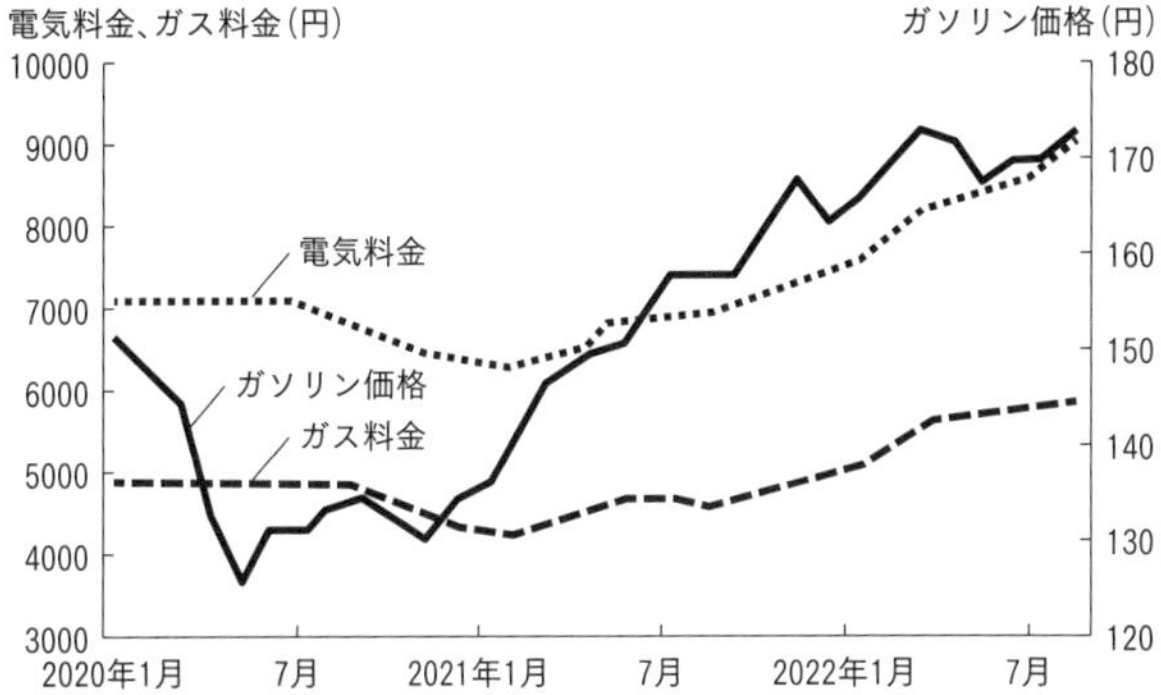

※電気料金は東京電力の平均モデル世帯
　ガス料金は東京ガスの標準家庭
　ガソリンは東京都区部のレギュラーガソリン1ℓの価格

出所：東京電力、東京ガス、総務省をもとに筆者作成

る勢いとなっています。

ガソリン価格も急ピッチの値上げです。２０２０年半ばには一時、１ℓあたり１３０円を切ったこともありますが、その後は連続して値上げが行われており、２０２２年２月にはとうとう１７０円を突破しました。原油価格次第ではありますが、今後は価格の高止まり、あるいはさらなる価格上昇まで囁《ささや》かれています。

電気、ガス、ガソリンは消費者に選択肢がなく、価格を上げやすい製品やサービスと言えますが、正反対が娯楽などの分野です。物価が上がると消費者は真っ先にこうした分野への支出を抑制しますから、事業者は販売数量を維持するため、価格を据え置くことになります。このためインフレの初期段階では価格が上がらない製品やサービスも多く、価格が上がりにくい商品にも値上げが波及し、ようやく全体の物価指数が顕著に上昇することになります。

加えて消費者は、ある商品の価格が上がると、その商品の購入をあきらめ、他の安い商品に乗り換えるという行動を取ります。そうなると価格が上がった商品の売れ行きが鈍化しますから、値上げを躊躇《ちゅうちょ》する企業も出てきます。最終的には、コスト上昇に耐えられなくなり、すべての物価が上がっていくのですが、それまでにはやはり一定のタイムラグが生じると考えてよいでしょう。景気低迷が続く日本の場合、値上げによる販売数量低下の影響は大きいですから、企業はギリギリまで踏みとどまることになります。

実体経済と離れた、専門家の意見

体感上の物価上昇と指数との間に隔たりが生じ、それが解消されないと、経済政策の実施において弊害が生じることがあります。

経済の現状について正しく認識するためには、消費者物価指数や国内総生産（ＧＤＰ）

など経済統計を駆使することに加え、各種統計が持つクセをよく理解し、誤った解釈をしないよう、現場の動きにも常に注意を払っておく必要があります。

筆者は職業柄もありますが、個人的にムダな支出が嫌いな性格であることも手伝って、スーパーや量販店、ネット通販での価格や内容量（工業製品の場合には機能）を常にチェックしています。このため、同じ価格でも製品の品質が落ちていることや内容量が減らされるなど、事実上の値上げが行われていることは、かなり前から認識していました。

また、ビジネスをしている知人に片っ端から状況をヒアリングしたところ、大半から仕入価格の上昇で困っているという話が聞こえてきました。多くの現場では、何とか代替品を探したり、他のコストを抑制したりすることで価格を据え置いていましたが、２０２１年に入ると、仕入れの価格動向を示す企業物価指数もジワジワと上昇を始めました。

こうして、最終製品の価格はまだ顕著には上がっていないもののステルス値上げが横行していること、原材料の価格は統計上も上昇していること、一連の価格上昇は全世界的な動きであることなどを理由に、日本でも本格的なインフレが始まりつつあると確信し、記事などを通じてインフレのリスクについて言及を開始しました。

しかし、驚いたことに、周囲の反応は「インフレなどありえない」といったものばかりでした。

公式には認められていないことでも、観察される現象から仮説を立て、情報のウラを取った上で、別の統計データを検証しつつ、1つの方向性を導き出すことは、ジャーナリズムの世界ではよく用いられる手法です。筆者はもともとジャーナリストとしてキャリアをスタートさせているので、こうした手法をよく用います。しかし、多くの専門家は、現場に出て足で情報を稼ぐような活動は行いません。結果として、実体経済と専門家の分析には乖離《かいり》が生じることになります。

専門家は専門家で、統計データを最優先するのは当然ですし、まだ正式に確定していない事象について、政府と異なる見解を示すことは踏み込みすぎであるとの考え方があるのかもしれません。結局のところ、両者のギャップを埋めるのはジャーナリズムの役割であり、本来ならメディアがインフレの進行についてもっと早い段階から言及すべきでした。

ところが、多くのメディアは「インフレは発生していない」という政府の見解をそのまま垂れ流しており、本来の役割を十分に果たしていませんでした。政権の見解と異なる記事を載せることに難色を示す関係者も少なからず存在するなど、自由闊達な議論が行われていたとは言えません。経済指標は大事ですが、経済というのは個人の活動の集大成です。経済の本質を理解するヒントは常に現場にあり、当局の認識は現場よりも遅くなるのが常です。こうした時間軸のズレは、場合によっては政策の遅延という形で影響を及ぼしますから、軽んじてよい問題ではないと思います。

現実社会と当局のズレという問題が一気に露呈したのが、黒田東彦《くろだはるひこ》日本銀行（日銀）総裁の失言です。黒田氏は2022年6月、都内で講演し「日本の家計の値上げ許容度も高まってきている」との見解を示しましたが、発言内容が報じられると国民から批判が殺到、ネットでは大炎上となりました。

発言の根拠となったのは、東京大学大学院の渡辺努《わたなべつとむ》教授によるアンケート調査です。それによると、いつも行く店で購入するモノの価格が10％上がった場合、「他の店に移らず、その店で買い続ける」と回答した人が56％と、以前の調査結果（43％）と比べて大幅に増加していました。

黒田氏はこの調査結果をもとに、「家計が値上げを受け入れている間に、良好なマクロ経済環境をできるだけ維持し、賃金の本格上昇につなげていけるかが当面のポイントだ」と発言したのです。賃上げが重要という文脈での発言ではありますが、やはり多くの国民は「値上げを受け入れている」という部分に違和感を抱いたようです。

2022年4月以降、次々と値上げが行われていることは、多くの人が認識していましたが、日本の場合、物価ばかりが上昇し、賃金は上がっていませんから、生活は苦しくなるいっぽうです。

値上げを受け入れているのではなく、他に選択肢がないため、苦渋の選択として値上げを受け入れざるを得ないのが現実であり、この状況について「家計が値上げを受け入れている」と機械的に言われてしまうと、カチンと来た人が多かったのではないでしょうか。まずいことに黒田氏は、当該発言の3日前にも、国民とのギャップを感じさせる発言を行っています。

参議院の予算委員会で自身の買物について問われた黒田氏は「私自身、スーパーに行ってですね、物を買ったこともありますけれども、基本的には家内がやっておりますので、包括的にですね、物価の動向を直接買うことによって、感じているというほどではありません」と答弁。この発言が再度報じられたことで、炎上がさらに拡大してしまいました。

　ネットでは、日銀総裁の年収が約3500万円であることを取り上げ「上級国民には庶民の生活はわからない」といった批判の声が飛び交《か》いました。確かに3500万円の報酬をもらい、自身ではほとんど買物に行かず、妻に任せっきりという状況では、物価の現状について生《なま》の情報を得るのは難しいでしょう。

　しかしながら、日銀総裁のような要職にある人が、私たち庶民とまったく同じ生活を送らなければ、経済の実状について正しく分析ができないのかというと、それも違うと思います。統計データは経済や社会の実状を正確に分析するために存在しており、正しくデータを扱えば、たとえ自分自身は生活にまったく困っていなくても、多くの庶民がどのような生活環境にあるのか、完璧に把握できるはずです。

　問題は、黒田氏の生活が庶民とかけ離れていたことではなく、日銀総裁という物価の安定に責任を持つ立場の人物が、平均的な日本国民の生活について正しく認識できていなかったことです。物価は〝生き物〟ですから、多面的な評価が必要であり、その点において日銀の分析は不十分だったと言わざるを得ません。

2・5%の物価上昇で、家計の負担はどれくらい増える？

それでは、実際のところ日本の物価はどの程度上昇して、家計にはどれくらいの負担が生じているのでしょうか。

23ページの図2で消費者物価指数の推移を示しましたが、2022年4月時点における消費者物価指数の上昇率（前年同月比）は2・5%でした。これはすべての価格を平均したものであり、まさに物価全体の動きを示しています。食品を中心とする生活必需品の値上がりはもっと激しくなっていますが、家計全体の支出について考える時には、平均値はとても便利な指標です。

総務省の家計調査によると、2021年における家計の消費支出（月額、2人以上の世帯）は27万9024円でした（図4）。年間では334万8288円となります。消費者物価指数の上昇率を2・5%と仮定すると、単純計算でこの支出額が2・5%増えることになります。1カ月6976円、年間では8万3707円の増加です。

しかしながら、この数字は月ごとの支出額を単純に2・5%増やしただけですから、全体としては2・5%の支出増であっても、先に値上がりした商品の支出は大幅に増え、そ

図4　全体の物価が2.5%上昇した時の家計支出の変化

（円）

費目	2021年	増加率	2022年
食料	79,401	4.0%	82,578
住居	18,338	0.6%	18,448
光熱、水道	21,531	10.0%	23,684
家具、家事	12,100	1.0%	12,221
被服履物	9,063	1.0%	9,154
保険医療	14,314	0.3%	14,357
交通通信	39,778	0.6%	40,017
教育	11,905	1.6%	12,095
教育娯楽	25,252	1.5%	25,631
その他	47,342	1.0%	47,815
支出全体	279,024	2.5%	286,000
1カ月あたりの支出増加額			6,976
年間の支出増加額			83,707

※2人以上の世帯、1カ月の家計消費

出所：総務省をもとに筆者作成

うでない商品の支出はあまり増えていないはずです。

これに対し、分野ごとの値上がりペースの違いなどを反映させると、図4の右側のような結果となります。全体としては2・5%の増加ですが、光熱費や食料の値上がりによる影響が大きく、その他の商品についてはあまり支出が増えないとの予想になります。この世帯は年間8万3707円の支出増に耐えられるだけの収入があるため、純粋な支出増となっていますが、もし収入がギリギリで、増額分を捻出できない場合、他の費目については支出を減らすことが求められます。

商品の値上がりはやがて他の分野にも波及してきますから、最終的にはどの費目も支出が増えることになります。賃金が上がらないと、多くの世帯で赤字になる可能性が高いことは、ここからも容易におわかりいただけるのではないでしょうか。

物価上昇を引き起こしている4つの要因

一連の物価上昇は、何が原因で発生しているのでしょうか。物価は身近なテーマなので簡単そうに見えますが、その変動メカニズムは複雑です。今回の物価上昇の背景となっているのは、次の４つの要因が考えられます。

①原油や食糧など1次産品の値上がり
②世界的な需要の拡大
③米中対立やウクライナ侵攻など地政学的要因
④量的緩和策によるマネーの大量供給

図5 エネルギーや食糧など1次産品の取引価格の推移

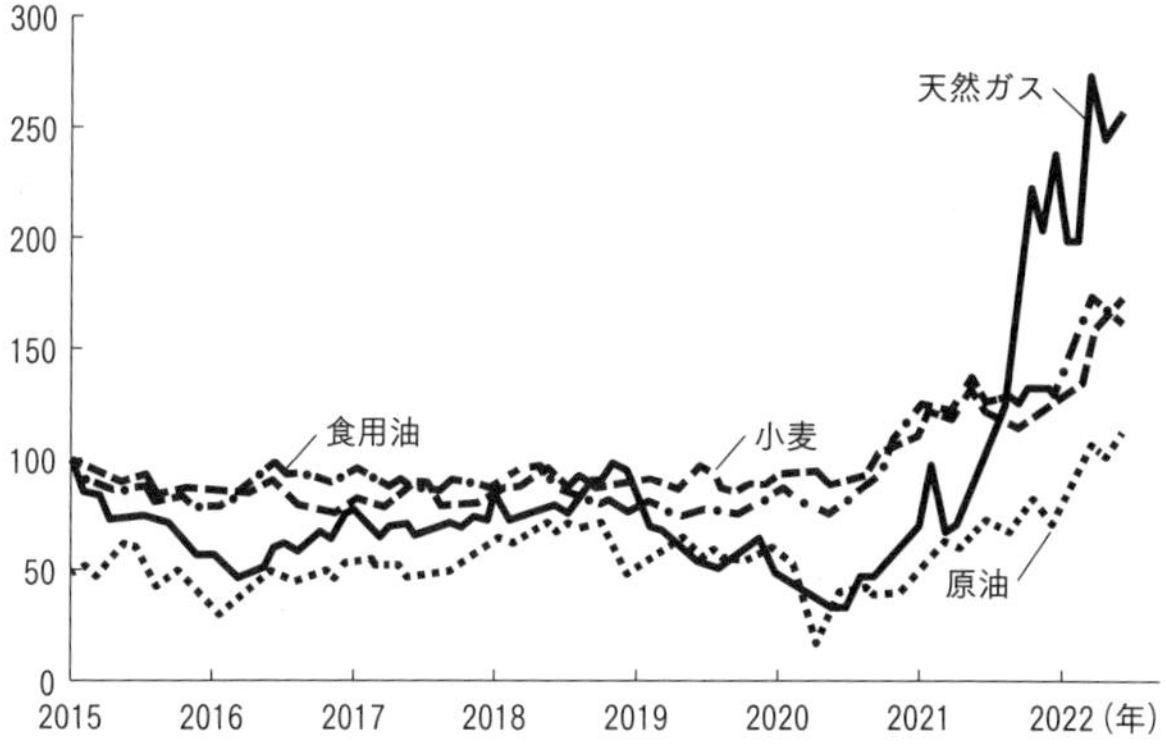

※天然ガス、食用油、小麦は2010年を100とした時の相対値
原油はWTI原油先物1バレルの価格（ドル）

出所：世界銀行などをもとに筆者作成

今回発生しているインフレの直接的な原因が、①の原油や食糧価格の高騰にあることは明らかです。図5は原油、天然ガス、食用油、小麦の価格推移を示しています。

２０１５年以降、原油価格は１バレル50～60ドル程度で取引されていましたが、２０２０年前半のコロナ危機による下落を経て、２０２１年から本格的な価格上昇が始まり、２０２２年には１００ドル超えが日常的となっています。価格が約2倍になったわけです。

さらに激しい値動きを見せているのが天然ガスです。天然ガスは産地によって価格が大幅に異なるため、各地の価格を平均した相対値で表示してあります。天然ガスも原油と同様、2021年から値上がりが激しくなっており、コロナ危機前と比較すると、すでに価格は3倍以上になりました。

天然ガスの価格が異様に高騰している背景には、脱炭素の流れがあります。各国は地球温暖化に対応するため、経済の脱炭素化を進めてきました。

しかし、大半のエネルギーを再生可能エネルギーで賄えるようになるまでは、相応の時間がかかります。いっぽうで、二酸化炭素の排出量削減は緊急の課題でもありますから、各国は同じ化石燃料であっても、より二酸化炭素の排出量が少ない天然ガスへのシフトを急ピッチで進めてきました。このため天然ガスに対する需要が想定以上に増大し、価格が跳ね上がる事態になっているのです。

エネルギー価格が上昇すると、たいていの場合、食糧価格も上昇します。穀物を生産するには相応のエネルギーが必要となりますし、輸送にもかなりのエネルギーを消費します。たとえば、原油価格が高騰すると船の運航コストが上昇するため、貨物船の運賃が跳ね上がり、穀類の価格も同じように上がってしまうのです。

肉類はどうかというと、やはり価格が上がります。牛や鶏を育てるためには飼料が必要となりますが、飼料の多くはとうもろこしなど穀類から作られています。牛は食欲旺盛で、私たちの想像以上にエサを大量に食べます。牛肉1kgを生産するために必要な飼料は10kgを超えると言われており、畜産農家は大量の飼料を購入しなければなりません。

結局のところ、エネルギー価格が上がれば穀類の価格が上がり、穀類の価格が上がれば肉類の価格も上がるという図式で、エネルギー価格と食糧価格はほぼ同時に値上がりするケースが大半です。今回も原油価格の上昇とほぼ同じタイミングで小麦や食用油の価格が上昇しました。それ以外の品目も似たようなものであり、食品については、大半の品目で価格が上がったと考えて差し支えありません。

では、なぜ原油価格や食糧価格がここまで激しく上昇しているのでしょうか。

世界の需要は拡大の一途

その背景となっているのが、②の全世界的な需要の拡大です。

今回のインフレについて、多くのメディアでは、コロナ危機後の景気回復期待とロシアによるウクライナ侵攻によって価格が上がったとの説明を行っています。景気回復期待から企業の発注が増え、それが価格上昇の要因となったのは事実ですし、ウクライナ侵攻によって食糧不足が懸念されているのも事実ですが、この理屈だけでは、状況を100%説明しているとは言えません。

コロナ危機後の景気回復期待はあくまで落ち込んだ経済が回復することへの期待です。コロナ危機で世界経済は一時的に縮小したものの、ワクチン接種が進んだことで、コロナ危機前の状態をほぼ取り戻しつつあります。これは、一度縮小した経済が元に戻るという話ですから、需要と供給にタイムラグは生じているものの、コロナ危機の前後で全体の需要が大きく変動したわけではありません。したがって、コロナ危機後の景気回復期待だけで価格がここまで上昇するのは考えづらいことです。

ロシアがウクライナに侵攻したのは2022年2月ですが、物価上昇はその前から顕著となっていました。ウクライナ問題が物価上昇に拍車をかけているのは事実ですが、これも根本的な理由とまでは言えません。

実は、一連の物価上昇の最大の要因となっているのは、全世界的な需要の拡大です。近年、中国を筆頭に東南アジアなど新興国の経済成長が著《いちじる》しく、全世界的な需要は増えるいっぽうとなっています。社会が豊かになれば、当然の結果としてエネルギー消費は増えます。

１人の人間が食べる量は基本的に同じですから、社会が豊かになっても食料の消費は大きく増えないように思えますが、現実はそうではありません。社会が豊かになると、肉食が増えることは、あらゆる地域で観察される現象であり、実際、中国や東南アジアでは肉の消費量が急増しています。先ほど、肉を生産するためには大量の穀類が必要になるという話をしましたが、肉の消費が増えると、穀類の消費が増加し、食糧全体の需要も大幅に増えてしまうのです。

今後は中東やアフリカなど、アジア以外の地域の国々も、次々と社会が豊かになっていきますから、それにともなってエネルギーや食糧の需要増大が予想されます。

エネルギーや食糧は、一般的な工業製品とは異なり、需要が増えたからといって、簡単に生産量を増やすことができません。全世界の需要拡大は、10年くらい前から顕著となっており、供給が追い付かないリスクはすでに市場関係者の間では認識されていました。全体的にモノの供給が足りない状態だったところに、コロナ危機からの景気回復期待が重なり、一連の価格上昇を引き起こしたのです。

この動きに拍車をかけているのが、③の米中の政治的対立です。ドナルド・トランプ政権以降、米国は中国を敵視する戦略に転換し、米中は事実上の貿易戦争に突入しました。加えて両国は、相手国で生産された工業製品について安全保障上の脅威と見なすようになっており、特定品目については第三国を経由した貿易にも制限を加える意向を示しています。そうなると、米中市場は完全に分断されることになります。

中国からの輸入に高関税が課された場合、あるいは中国の工業製品が安全保障上の理由から輸入できなくなった場合、米国の企業は、Ⓐ高い価格でそのまま中国から仕入れる、Ⓑ中国以外の国からの輸入に切り換える、Ⓒ自国産の製品に切り換える、という選択を迫られます。

中国以外の国で、中国と同レベルの低価格と大量生産を実現できる国は今のところ存在していませんから、Ⓑを選択すれば確実に価格が上昇します。Ⓒはどうでしょう。当然のことながら米国内のコストはきわめて高く、やはりコストは上がります。結局のところ、どれを選択しても、価格には上昇圧力がかかるわけです。

中国にとっても事情は同じです。貿易戦争になれば、中国の製造業にとって米国企業という最大の顧客を失いますから、売上げが落ちるリスクに直面します。販売数量が減ると、単位あたりのコストが上昇するので、価格を引き上げないと利益を確保できません。結果として中国企業は値上げを決断せざるを得なくなります。米国企業への販売を継続する場合でも、ベトナムなど第三国を経由するといった措置が必要となりますから、これらはすべて製品価格の上昇要因として作用するのです。

当然のことながら、米中両国と取引している日本企業も大きな影響を受けます。たとえば、中国で製造した部品を輸入し、国内で組み立てを行って半完成品を米国に輸出しているケースでは、米国の判断次第で輸出ができなくなります。逆も成立し、特定の米国製部品を搭載している日本製品を中国に輸出できないケースも出てくるでしょう。

各社が一連の地政学的リスクを回避するためには、米中どちらかの市場を捨てるか、サプライチェーンを中国向けと米国向けに分け、二重投資するしか選択肢はありません。前者の場合には価格が引き上げられ、後者の場合には減価償却が増え、コスト増加要因となります。実際、部品メーカーの村田製作所は、米中対立の激化によって、サプライチェーンに対する投資が二重になり、製品コストが上昇するリスクがあると説明しています。

ロシアによるウクライナに侵攻によって、こうした国家間の対立がさらに激しくなると予想されています。中国は表立ってロシアを支援する動きは見せていませんが、水面下でロシアと中国が接近していることは誰もが知る事実です。世界経済は今後、米国、欧州、中国（ロシアを含む）という3つのブロックに分断され、各国がエゴをむき出しに資源を奪い合う可能性が高くなるでしょう。こうした動きは、確実に物価上昇をもたらします。

このように、世界の需要が拡大するなかでコロナ危機が発生し、そこに米中対立やウクライナ侵攻といった地政学的要因が加わっているため、物価が下がる材料が見当たらないというのが現実です。一連の事態が複雑に絡み合っているのが、今のインフレの正体と考えてよいでしょう。

インフレにおける貨幣的要因

インフレに対するダメ押しとなっているのが、④で示した量的緩和策による全世界的なカネ余りです。

貨幣と物価の詳しい関係については後述しますが、市場に貨幣を大量供給すると物価には上昇圧力が加わります。各国はリーマン・ショックに対応するため、中央銀行が積極的に国債を購入し、市場にマネーを大量供給する量的緩和策を実施してきました。量的緩和策は、意図的に物価上昇を引き起こして実質金利を下げるという政策ですから、当然のことながら、強烈な物価上昇要因となります。

これまで日本を除く各国は、量的緩和策によって、それなりの景気回復を実現してきました。そのため、物価上昇は大きな問題にはなっていませんでした。確かに物価は上がりましたが、その分だけ経済も成長し、賃金も上がっていたので、消費者は何とか生活を維持することができたのです。

ところが、コロナ危機の発生によって、市場から余ったマネーを回収し、元の状態に戻す金融正常化の作業が遅れ、その間に米中対立や新興国の需要増大などによって、予想以上にインフレが進行する事態となってしまいました。わが国に至っては、金融を正常化するどころか、依然として量的緩和策を継続中であり、市場には相変わらず大量のマネーが供給されています。

需要の増大に供給が追い付かないなか、全世界的にマネーの回収が進んでいないという状況ですから、世界経済はインフレのマグマが溜《たま》りに溜った状態となっています。各国の専門家がインフレに対して警鐘を鳴らしているのは、こうした理由からです。

今回のインフレに対して、一部の専門家は原油価格の上昇が根本的な原因であり、純粋なコストプッシュ・インフレであると説明しています。コストプッシュ・インフレとは、原材料費などコストの上昇が原因で発生するインフレのことです（詳しくは第5章で解説します）。しかしながら、ここまでの説明からもおわかりいただけるように、今回のインフレについて単なるコスト要因であると捉えると本質を見誤ります。

そもそも経済学の基本的な理屈として、特定の1次産品が値上がりしただけで、経済圏全体の物価が長期にわたって継続的に上昇するということはありえません。継続的な物価上昇が続く時にはほぼ100％、マネーの膨張など貨幣的要因が絡み合っています（詳しくは第4章で解説します）。

今回のインフレは、需要拡大と供給制限、そして貨幣の膨張が複雑に絡み合ったものであり、対応も簡単ではないという現実を理解しておく必要があります。現時点において、世界経済は物価上昇が進んでいるものの、経済成長も続いており、賃金は物価に何とか追い付いている状況です。しかし、もし経済成長が鈍化し、物価上昇に賃金が追い付かなくなれば、不景気下のインフレということになりますから、消費者にとって厳しい状況となります。

不景気下のインフレがスタグフレーションですが、各国政府はこれに陥らないよう、ギリギリで対処しているのが現実です。

日本はすでにスタグフレーションに入っている

スタグフレーションは国民にとって厳しいことばかりですから、何としても回避する必要があります。しかし、先進各国のなかでスタグフレーションのリスクがもっとも高いのが、日本です。

日本の場合、景気の低迷が長く続いており、企業の仕入コスト上昇を製品価格に転嫁しにくい状況にあります。コスト上昇分を価格に転嫁できなければ、賃金も上がりませんから、消費者は購買力を高めることができません。加えて為替《かわせ》市場では急ピッチで円安が進んでおり、輸入品の価格上昇によって国民生活はさらに苦しくなっています。

2022年の春闘では、大手企業は2・27％の賃上げを実現したとされていますが（5月時点）、賃金上昇分のほとんどは、年齢給など定期昇給によるもので、本当の意味での賃上げに相当するベースアップ（ベア）分は1％以下です。4月の段階ですでに消費者物価指数は2・5％ですから、実質的に賃金はマイナスだと考えてよいでしょう。

物価が上がっているにもかかわらず、賃金がそれに追い付いていない状況ですから、厳密な用語の定義はともかく、見方次第では、すでにスタグフレーションに入っていると考えることも可能です。

困ったことに、日本の場合、インフレによるコスト上昇に加えて、円安という特殊要因が加わっています。円安が進んでいる詳しい理由については第3章で解説しますが、日銀が量的緩和策を継続し、低金利政策を維持する限り、円安が進む可能性が濃厚です。

日本の輸出が活発だった時代には、円安が進めば輸出企業の業績が上向き、賃金の上昇が期待できました。ところが、製造業の多くはすでに生産拠点を海外に移しており、以前ほど円安によるメリットは享受できない体質になっています。

いっぽうでエネルギーや食糧に加え、最近ではスマートフォン（スマホ）や家電など、工業製品についても輸入に頼るようになっています。ただでさえ、海外の物価が上がっているところに円安が加われば、輸入品の価格が上昇し、国民生活はさらに苦しくなるでしょう。

もし、企業がコスト上昇分を適切に価格に転嫁できなかった場合、さらなる減益や賃下げに追い込まれる可能性が高いと考えられます。企業が輸入価格の上昇を製品に転嫁しないということは、国民全員が貧しくなることとほぼイコールであり、これはまさに不景気下のインフレ、つまりスタグフレーションです。

ひとたびスタグフレーションに転落した国が、事態を改善させるのは容易なことではありません。日本経済はまさに本格的スタグフレーションに転落するのかどうかの瀬戸際に立たされているのです。

第2章

モノの価格はどう決まるか?

エネルギー価格の仕組み

第1章では、景気が回復しないなか、日本でも多くの商品やサービスの価格が値上がりし、生活を苦しめている実態を見ました。2021年後半から2022年前半にかけては、電気、ガス、ガソリンなどエネルギー関連の値上げが顕著でした。これらは食品と同様、日常生活に直結します。では、エネルギーの価格はどのような仕組みで決まるのでしょうか。

エネルギー関連の価格は、基本的に原油価格に連動する形で決まります。

ガソリンは原油から精製されますが、日本では原油はほとんど採れないことから、ほぼ全量を輸入に頼っています。中東などの産油国から原油を輸入し、そこからガソリンや灯油といった石油製品を精製し、国内で販売を行っているのが石油元売り事業者（企業）です。ENEOSホールディングス、コスモエネルギーホールディングス、出光興産などがこれに該当します。

全国に存在するガソリンスタンドは元売り大手ブランドの看板を掲げていますが、元売り企業が直接、経営しているわけではありません。ガソリンスタンドの経営を実際に担っているのは、各地域にある個別の企業であり、元売り各社は小売店であるガソリンスタンドに石油を卸し、ガソリンスタンドが個別に価格を決定して消費者に販売しています。

同じガソリンを販売するというビジネスでも、販売数量や商慣行などに違いがあるため、地域ごとにガソリン価格は異なります（52ページの図6）。同じ地域でも規模が大きいガソリンスタンドは値引きを積極的に行うなど、企業体力によっても最終価格に差が出てきます。しかしながら、元売り各社がガソリンスタンドに卸す価格には大きな違いはありませんから、ガソリンスタンドが値引きできる範囲は限られます。

元売り各社は原油を海外から輸入しているので、原油価格そのものが上がってしまうと、元売り各社ではどうしようもありません。したがって、ガソリン価格は基本的に原油価格に連動して動くように設定されています。

52ページの図7は原油価格と国内ガソリン価格の動きを示したものですが、基本的に原油価格が上昇するとガソリン価格も上がっていることがわかります。

図6　2022年3月30日時点における各県のガソリン販売価格

（円）

北海道	173.4	東京	176.4	滋賀	173.8	香川	173.1
青森	170.4	神奈川	171.2	京都	177.6	愛媛	175.2
岩手	168.8	新潟	172.5	奈良	172.4	高知	178.0
宮城	169.3	長野	180.2	大阪	175.3	福岡	174.2
秋田	169.9	山梨	175.6	兵庫	171.6	佐賀	177.8
山形	177.7	静岡	172.9	和歌山	174.2	長崎	182.9
福島	172.1	愛知	168.7	鳥取	173.9	熊本	172.9
茨城	172.3	岐阜	174.7	島根	173.4	大分	180.7
栃木	173.7	三重	172.8	岡山	169.9	宮崎	175.8
群馬	174.4	富山	172.4	広島	174.3	鹿児島	182.5
埼玉	170.8	石川	173.2	山口	170.7	沖縄	178.5
千葉	172.9	福井	172.7	徳島	169.8	全国平均	174.0

※レギュラーガソリン1ℓの価格

出所：資源エネルギー庁

図7　ガソリン価格と原油価格の推移

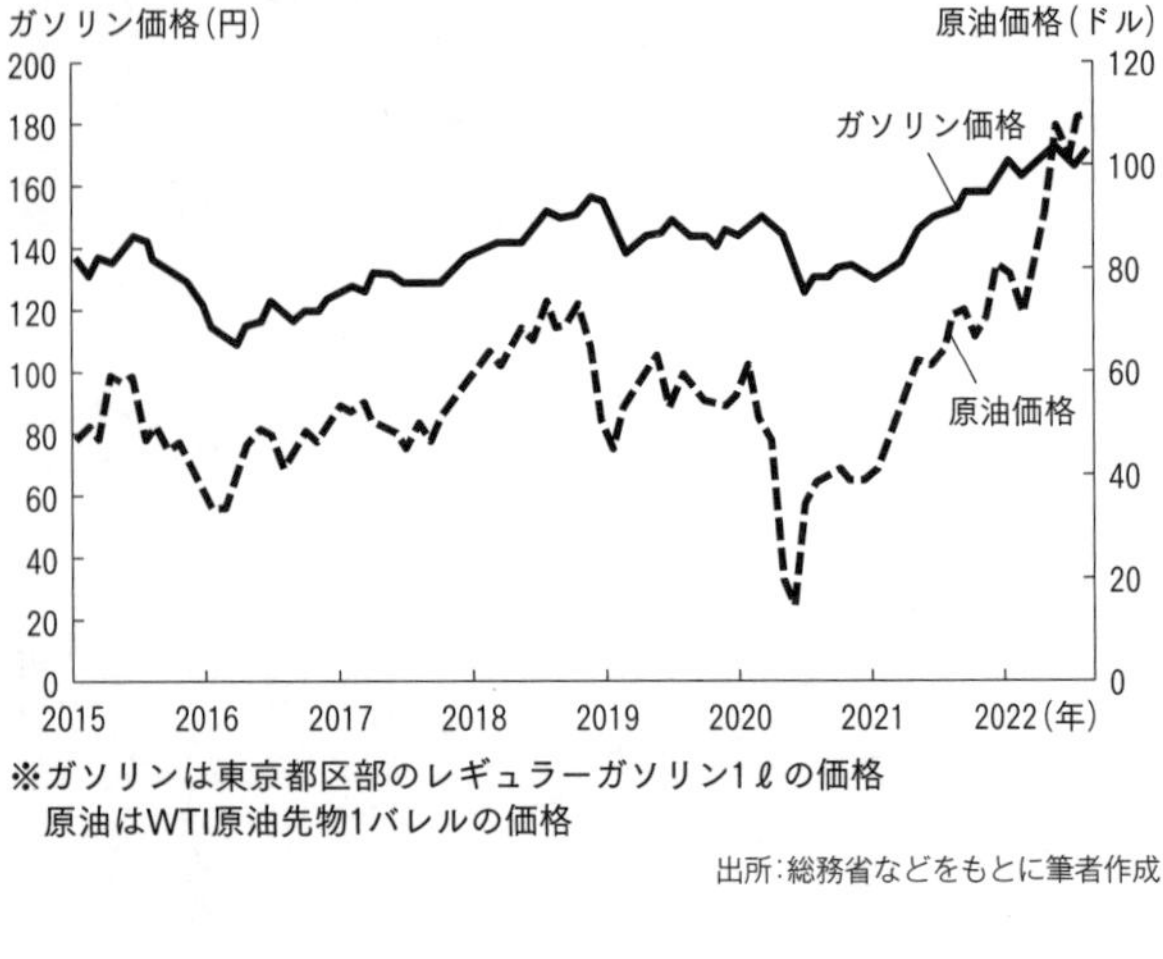

※ガソリンは東京都区部のレギュラーガソリン1ℓの価格
　原油はWTI原油先物1バレルの価格

出所：総務省などをもとに筆者作成

トリガー条項が発動されても……

私たちが購入しているガソリンは、原油価格に、精製や販売に必要なコストを事業者が上乗せしただけのものではありません。ガソリンには揮発油税《きはつゆぜい》という高額な税金が課されるなど、税金が占める割合が大きいという特徴があります。

たとえば、ガソリンが1ℓあたり170円で販売されている場合、ガソリン本体の価格は97・9円と全体の約58％にすぎません（図8）。残りはほとんどが税金で占められており、具体的にはガソリン税（揮発油税と地方揮発油税）が53・8円、石油石炭税が2・8円、消費税が15・5円となっています。つまり170円の時には約4割が、150円前後の時には約半分が税金で占められている計算になります。

図8 ガソリン価格の内訳

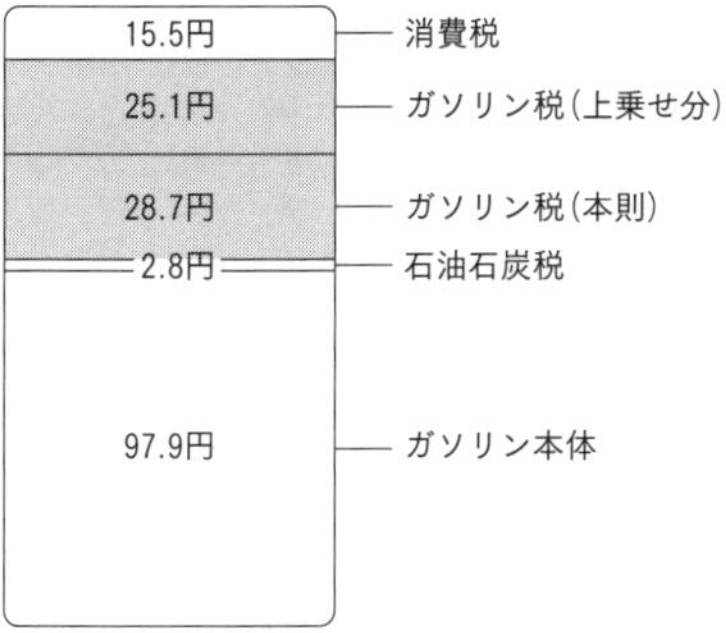

※1ℓ＝170円の場合

出所：国税庁などをもとに筆者作成

近年のガソリン価格の高騰を受けて、政府内部ではガソリン税の半分を免除するという、いわゆるトリガー条項の発動が検討されました。

先ほどガソリン税は53・8円と説明しましたが、厳密には正しい表現とは言えません。というのも、本来のガソリン税は1ℓあたり28・7円であり、残りの25・1円は〝上乗せ分〟の扱いだからです。したがって、上乗せ分である25・1円を免除すれば、ガソリン税をほぼ半分に減らすことができます。この上乗せ分を免除する仕組みがトリガー条項で、1ℓあたり160円を3カ月連続で超えた場合に発動される予定でした。

ところが、2011年に発生した東日本大震災の復興財源を確保する必要性から、この条項は凍結されており、1ℓあたり160円を突破したあとも、上乗せ分の課税が行われていたのです。

このトリガー条項を制度化したのは民主党政権だったことから、当初、自民党は民主党が決めた政策を導入することに反対していましたが、ガソリン価格があまりにも高騰したことから、与党内でも発動を求める声が高まってきました。

トリガー条項が発動されれば、とりあえず約25円はガソリンが安くなりますが、あくまで安くなるのは25円だけです。大元のガソリン価格がそれ以上に上昇してしまえば、トリガー条項もあまり意味がなくなってしまいます。加えてトリガー条項を発動すれば、約1・5兆円、税収が減るという問題があり、代わりの財源確保も難題です。

少なくとも本稿を書いている2022年8月時点ではトリガー条項は発動されておらず、代わりに政府は、ガソリン価格が1ℓあたり170円を超えた場合、一定金額を石油元売り各社に補助する燃料油価格激変緩和措置という制度を実施しています。

電気料金の仕組み

ガソリン価格と同様に、電気料金とガス料金も基本的に原油価格に連動して動きます（57ページの図9）。電気料金やガス料金は認可制となっており、事業者が勝手に決めることはできません。しかしながら、ガソリンと同じく、火力発電の燃料、あるいは都市ガスなどの原料となる石油や天然ガスの仕入コストは、海外の市場価格で一方的に決まってしまいます。このため、原油価格が高騰すると電力会社やガス会社の経営が危《あや》うくなりま す。

こうした事態を防ぐため、電気料金やガス料金には、一定の範囲で燃料価格の動きを随時反映できる仕組みが導入されています（燃料費調整制度）。

電力会社が保有する火力発電所の燃料は、石油、天然ガス、石炭の３つです。電力会社によって、どの燃料を使用する発電所が多いかは違ってきますから、３つの輸入価格に対して、電力会社ごとに異なる比率を乗じて、平均的な燃料価格を算出します。

こうして算出された燃料価格は、一定の範囲内で電気料金に転嫁することができます。ニュースなどで「今月の電気料金は○円値上げされました」と報道されているのは、この燃料費調整分の変動です。

この価格調整には上限が設定されており、基準価格の１・５倍以上には値上げできない仕組みになっています。２０２２年４月の段階で関西電力など複数の電力会社が上限に達しており、その段階で値上げは一時的に止まります。しかし、電力会社が新《あら》たな価格で値上げを申請し、それが認可された場合には、そこからがスタートとなりますから、理屈上、電気代をさらに上げることは不可能ではありません。

ガス会社も基本的には同じ料金体系が導入されています。

都市ガスの成分はほとんどが液化天然ガス（ＬＮＧ）で、ごくわずかに液化石油ガス

図9 電気料金と原油価格の推移

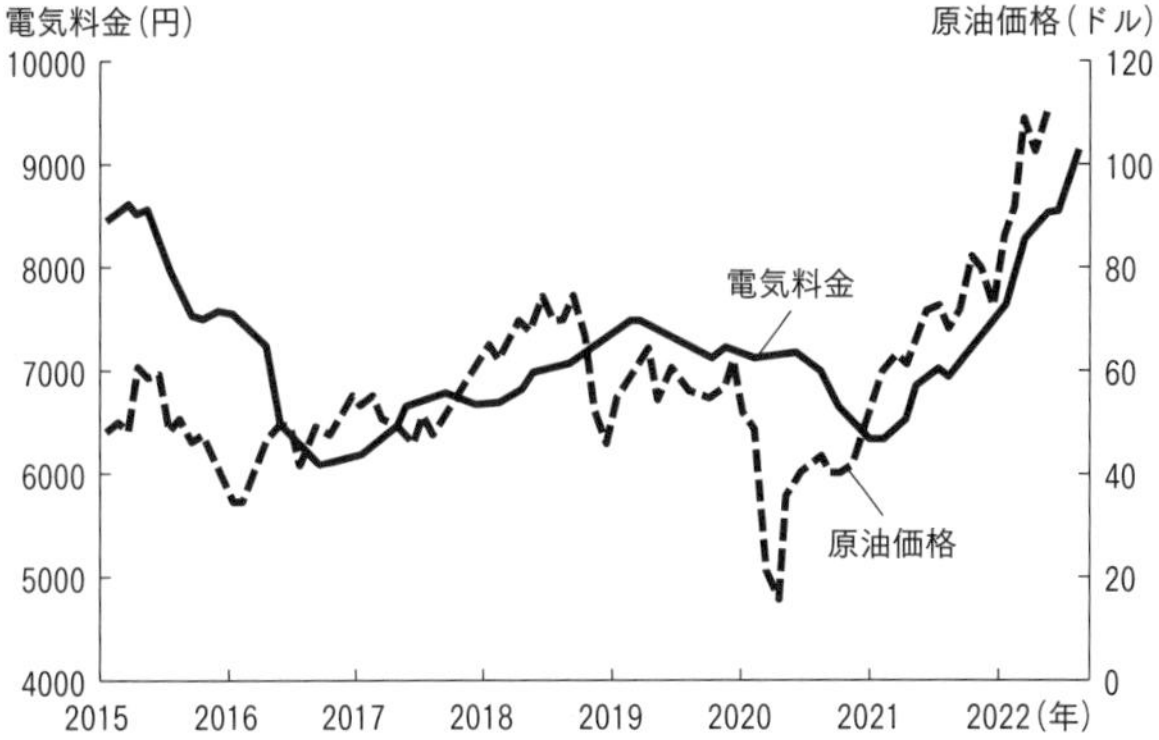

※電気料金は東京電力の平均モデル世帯
原油はWTI原油先物1バレルの価格

出所:東京電力などをもとに筆者作成

(LPG)が含まれています。ガス会社の場合も電力会社と同様、LNGとLPGの輸入価格をもとに、両者の比率を乗じることで、平均的な燃料価格を算出しています。

LNG、LPG、石炭の価格は基本的に原油価格と連動して動きますから、最終的には電気料金もガス料金も原油価格に連動して上昇する関係にあると考えてよいでしょう。

ちなみに電気料金については、2016年4月から小売事業が完全自由化されており、自らは発電施設を持たない小売専業の電力事業者(いわゆる新電力)も多数、電力事業に進出しています。

こうした小売事業者は、自由化にともなっ

て創設された電力の卸売市場から電力を調達しますが、2021年後半から顕著となった原油価格の高騰によって、電力の卸売価格が前代未聞の水準まで上昇。一部の電力事業者は販売価格を仕入価格が上回ってしまい、倒産に追い込まれる事態も発生しています。

近年の日本は、原油価格は安定的に推移するはずという、ある種の幻想によって社会システムを維持してきましたが、一連の物価上昇によって、原油価格は国内事情とは無関係に、一方的に決まるものという現実がハッキリしました。今後は、原油価格が高止まりする可能性があることも視野に入れてエネルギー政策を立案する必要がありますし、消費者も原油価格の動向について、もっと敏感になるべきです。

原価は2〜3割!

企業が製品を製造するには原材料を調達しなければなりません。原材料の製造には多くのエネルギーが必要となりますから、エネルギー価格の上昇は企業にとってはコスト増加要因です。したがって、原油価格が上昇すると原材料価格が上昇し、最終的な製品やサービスの価格にも影響が及びます。

図10　商品にはどのようなコストがかかっているのか？

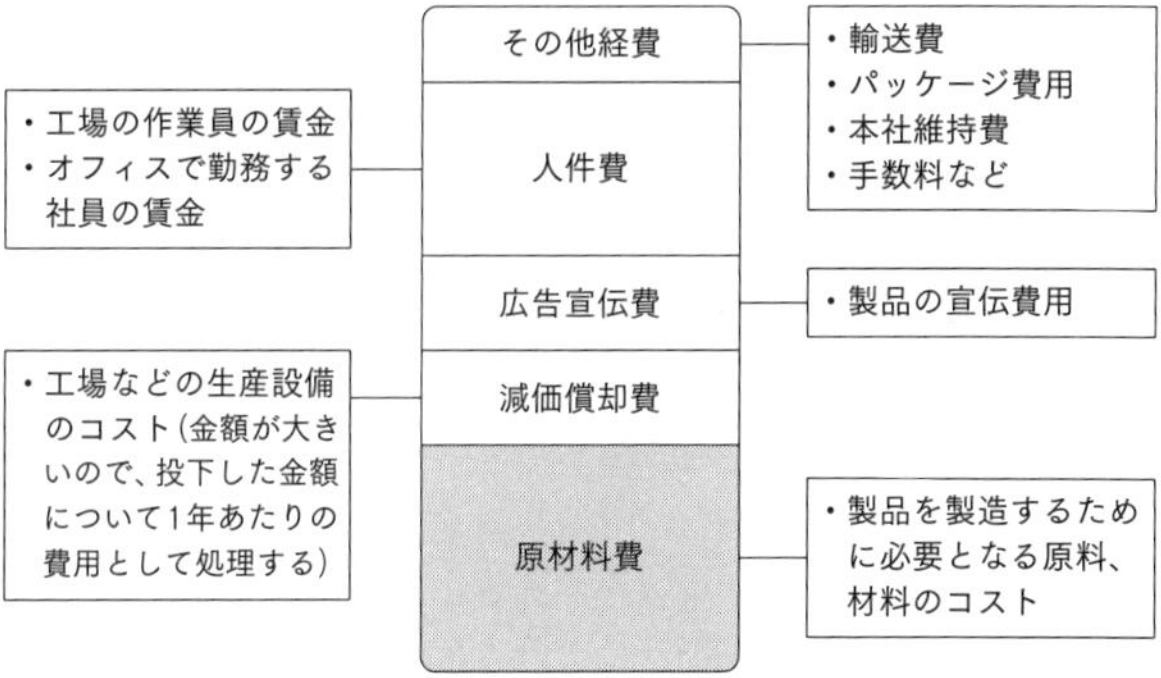

出所：筆者作成

一般的に、価格に占める原材料の比率が高いほど、価格高騰の影響を受けやすくなりますが、そもそも、私たちが購入している商品において、原材料の価格はどの程度の割合を占めているのでしょうか。

図10は、商品がどのような費用で構成されているかについて示したものです。私たちは普段、価格そのものについては「高い」「安い」と評価をしていますが、その内訳についてはあまり深く考えていないのではないでしょうか。

商品価格に占める原材料の比率は製品の種類によって異なりますが、おおむね2～3割程度が標準的です。つまり1000円の商品を購入した時、私たちが原料に対して支払っているのは、200～30

0円です。では、残りの700〜800円はいったい何に消えているのでしょうか。

　これも製品によってさまざまではありますが、多くは製品を作ったり、販売したりする人件費、製品を開発するための研究開発費、市場に告知するための広告宣伝費、製造する工場の設備費用（減価償却費）などに費《つい》やされています。

　原材料価格の比率が低い商品の場合、多少、原材料価格が上昇しても、人件費や広告宣伝費など、他の部分でコスト上昇分を吸収できます。ところが、原材料比率が高い製品の場合、価格上昇が進んでしまうと、コスト上昇分を他の部分で吸収するのが難しくなり、値上げに踏み切らざるを得なくなります。

　業界によってこれらの比率は変わってきますから、値上げを我慢できる業界と、そうでない業界との違いが生じてきます、また、同じ業界でも、製品の種類によって原材料の比率はまちまちですから、それが値上げに対する耐性の違いとなって表われてきます。つまり商品によって値上がりしやすいものとそうでないものがあり、しかも同じ分野の商品であっても、値上げのタイミングに違いが生じるわけです。

　消費者としてみれば、値上がりのタイミングについて知っておくことで、わずかではありますが、値上がりする前に買っておくなどの工夫ができます。

家計を直撃した食品の値上げ

今回の物価上昇は２０２１年後半から顕著となり、２０２２年春以降に本格化したという流れですが、早い段階で価格が上がっていたのは食品類でした。２０２２年4月には多くの食品価格がいっせいに値上がりし、私たちの家計を直撃しました。

一般的に、食品類は、他の工業製品と比較して、販売価格に占める原材料の比率が高く、価格高騰の影響を受けやすい商品です。とりわけパンや食用油は原材料の比率が高いという特徴が見られます（63ページの図11）。

説明するまでもなくパンの原料は小麦粉ですが、小麦の市場価格は２０２１年から２０２２年にかけて2倍に高騰しており、パンのメーカーはコスト増加に苦慮していました。同じく食用油の原料となる菜種油や大豆油の価格も軒並み上昇しており、多くのメーカーが値上げせざるを得ませんでした。パンの販売価格に対する原材料価格の比率は30～40％、食用油も同30～40％程度と高めになっており、原材料価格が上がると、メーカーの利益を圧迫します。

これに対して、菓子類、即席麺、レトルト食品などは加工の工程が多い分、価格に占める原材料の比率は低下します。商品の種類によってさまざまであることから、一概に原価率を決めることは難しいのですが、一般的に菓子類は25～30％、即席麺は20～30％程度です。これらはパンや食用油に比べて、製造工程が複雑である、広告宣伝費の比率が高いという特徴があり、原材料価格が最終価格に与える影響がすこしだけ小さくなります。したがって、パンや食用油と比較すると、値上げのタイミングは多少あとになります。

原材料の比率がさらに低いのが飲料です。清涼飲料水の原材料費は20％程度が多く、ビールは10％台になることもあります。飲料については、テレビなどで多くのCMを目にすると思いますが、味が重要であるいっぽう、製品のイメージも売れ行きを大きく左右します。このため、各社は広告宣伝に力を入れる必要があり、必然的に原材料の比率は下がります。

さらにビールでは、酒税という税金がかかってきますから、メーカーにとっては利益を確保するのがますます大変です。

図11 各商品の原材料の比率

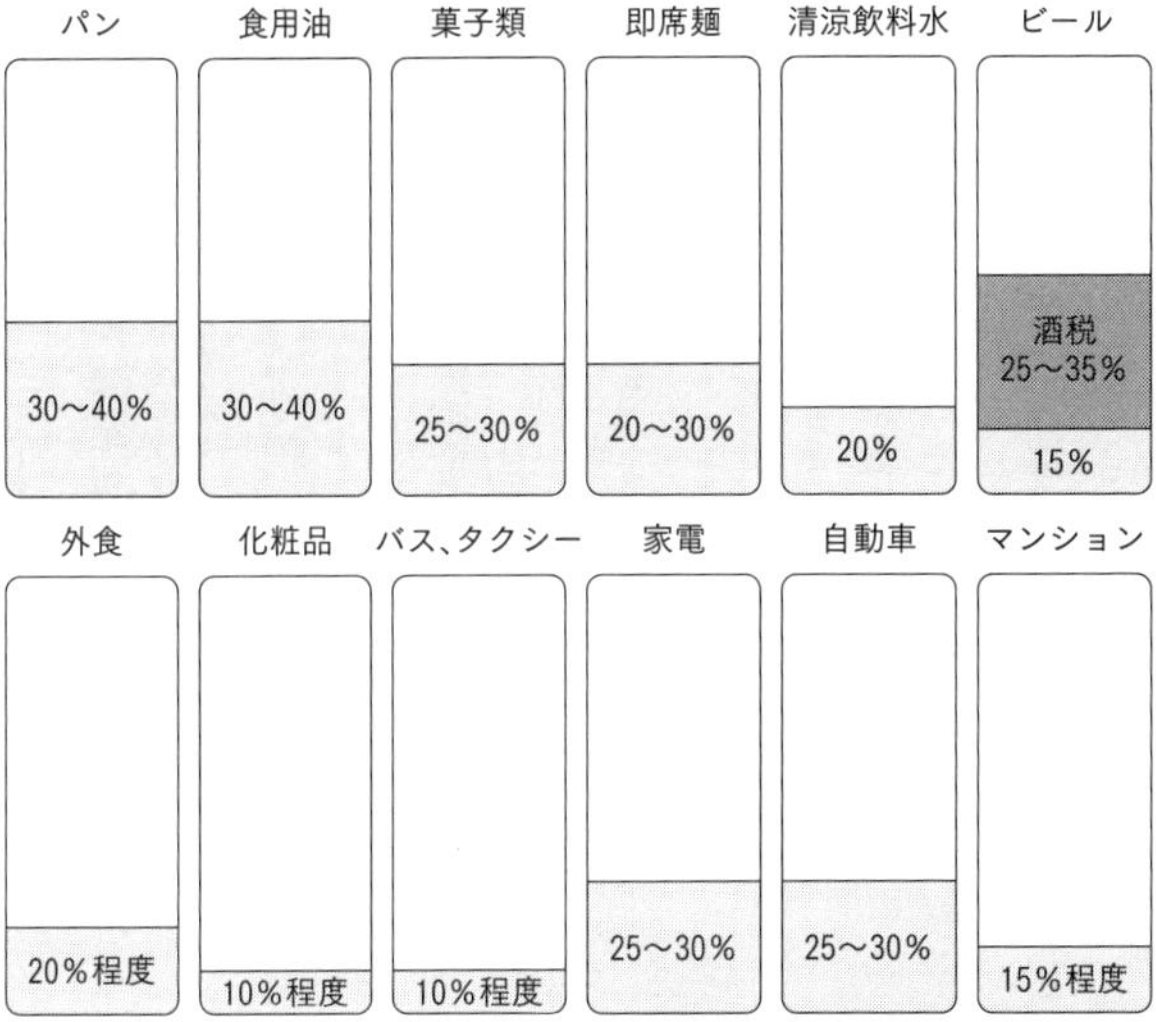

出所：各種財務資料や経済統計から筆者推定、作成

ビールの場合、販売価格の25〜35%が酒税ですから、ビールを飲むたびに私たちは多額の納税をしていることになります。ビールに対する酒税の割合は諸外国と比較すると高くなっており、一部からは引き下げるべきだとの意見も出ていました。ビールの税率が高すぎたことから、税率の低い発泡酒や新ジャンルの商品ばかりが増えるという事態も発生しており、本物のビールを好む消費者からは不満の声が上がっています。

こうした声を受けて、政府は税率の一本化を決定しており、２０２３

年10月にビール（350㎖）は現行の70円から63・35円に減税、発泡酒は据え置き（46・99円）、新ジャンルは発泡酒に統合される形で46・99円に増税されます。2026年10月には再度改定が行われる予定となっており、すべての税金が54・25円に統一されます。全体としてはビールは減税、発泡酒はわずかに増税、新ジャンルについては大幅増税と考えればよいでしょう。

とはいえ、原材料価格が上がると利益を圧迫するという図式自体は変わりませんから、コスト上昇が激しいと、やがてビールにも値上げが波及することになります。実際、アサヒビールは、スーパードライなど162品目について6～10％の値上げを実施しています。

国産でも、為替の影響を受ける理由

パンや菓子、即席麺の原料となる小麦価格が上昇していることはすでに述べた通りですが、日本の場合、小麦は9割を輸入に頼っており、海外で小麦の価格が上がってしまうとどうしようもありません。

小麦は国民生活にとってきわめて重要であり、政府は小麦の安定供給を実現するため、輸入小麦について全量を買い付け、製粉企業などに売り渡す制度を実施しています。

政府が民間に売り渡す価格は、過去６カ月間の平均買い付け価格を基準に、年２回見直しを行います。したがって小麦の価格が上昇したり、円安で買い付け価格が上昇した場合には、半年の時間差で民間企業の仕入価格に反映されることになります。しかしながら、政府はあくまで取引の間に入るだけであり、急激な価格上昇を緩和する機能しか持っていません。

日本は小麦だけでなく、食品の原材料の多くを輸入に頼っていますから、当然の結果として為替の影響を大きく受けます。２０２２年に入ってから、円安傾向が顕著となっており、これも値上がりに拍車をかけています。では、日本国内で生産しているコメや牛肉は、海外の価格上昇や為替の影響を受けないのでしょうか。

輸入食材と比較すると、国産の米や牛肉は海外の影響を受けにくい商品ではありますが、まったく無関係というわけにはいきません。

たとえばコメを作るには、多くの農作業が必要となりますが、今の時代はほとんどが機械化されており、田植機やコンバインなど各種農機具を動かさなければなりません。そのためにはガソリンや軽油などの燃料が必要となりますし、輸送などにもエネルギーを使います。コメの販売価格のうち20~25%は燃料代、輸送代、パッケージ代などで占められています。日本は石油のほとんど輸入に頼っていますから、国産のコメであっても、エネルギー価格の高騰や為替の影響を受けてしまう図式です。

牛肉や鶏肉はどうでしょうか。牛や鶏を育てるには、飼料が必要となりますが、飼料の多くが輸入です。小麦の価格が上がると、とうもろこしなど他の穀類の価格も上がりますから、国産の牛肉や鶏肉であっても、やはり海外の物価事情とリンクします。牛肉や鶏肉の価格に占める飼料などのコストは30%程度となっており、鶏卵になると半分以上が飼料代というケースも少なくありません。寒い地域で鶏を育てている場合、季節によっては暖房が必要となり、電気代や灯油代がかかります。

魚介類にも、同じようなメカニズムが働きます。漁船の操業コストのなかで燃料代が占める割合は高く、最終的な販売価格に対する比率は、肉類などと近い水準になります。もっとも魚介類は豊漁と不漁で価格差が激しいため、必ずしも燃料代が大きな要因とは言えませんが、今の状況が続いた場合、コストが継続的に増えていきますから、その分だけ魚介類の価格も上昇が懸念されます。

マンション価格は上がりっぱなし

ここまで食品など日常的に消費する製品について見てきましたが、もうすこし価格が高く、かつ購入頻度が低い商品はどうでしょうか。具体的にはスマホやパソコンなどのＩＴ機器、テレビや冷蔵庫といった白物家電、自動車など各種工業製品です。

工業製品の多くは食品とは異なり、製造工程が長く、工場にも多額の設備投資が必要となります。そのため、原材料の比率は食品と比較すると低くなることが一般的です。

しかしながら、自動車などはまさに鉄の塊《かたまり》ですし、冷蔵庫や洗濯機にも大量の金属が使われています。テレビやパソコンの本体は金属に加え、石油由来であるプラスチック類が多用されていますから、原油価格の上昇や円安の影響を受けることになります。

これら工業製品の原材料比率は25～30％が一般的です。工場などにおける人件費や広告宣伝費の比率も高めですから、ある程度までなら、原材料価格が上がっても、他のコスト削減で販売価格を抑制することができます。

しかし、ここまで原材料価格が上がってしまうと、各社のコスト削減努力にも限界がやってきます。ソニーや日立など電機メーカー各社は、２０２２年４月からの値上げを発表しており、ソニーは各製品について３〜31％価格を引き上げました。今後は多くのメーカーが値上げを進めていくと予想されています。

価格が高い商品の頂点は、マンションなど住宅でしょう。実はマンション価格はここ10年、顕著な値上がりが続いています。

２０２２年５月における首都圏の新築マンションの平均価格はついに６０００万円を突破、もはや庶民では手が出ない水準になっています。図12は過去45年間のマンション価格の推移ですが、２０２１年のマンション価格は、バブル経済のピークだった１９９０年の価格を上回っているのです。

バブル崩壊後、日本経済は30年間にわたって低迷が続いており、バブル経済期に並ぶなどという感覚は持つことなどできません。むしろ生活水準は当時と比較して大きく下がっている印象を持つ人がほとんどでしょう。ところが、マンションの価格はすでにバブル経

図12　首都圏、新築マンション平均販売価格の推移

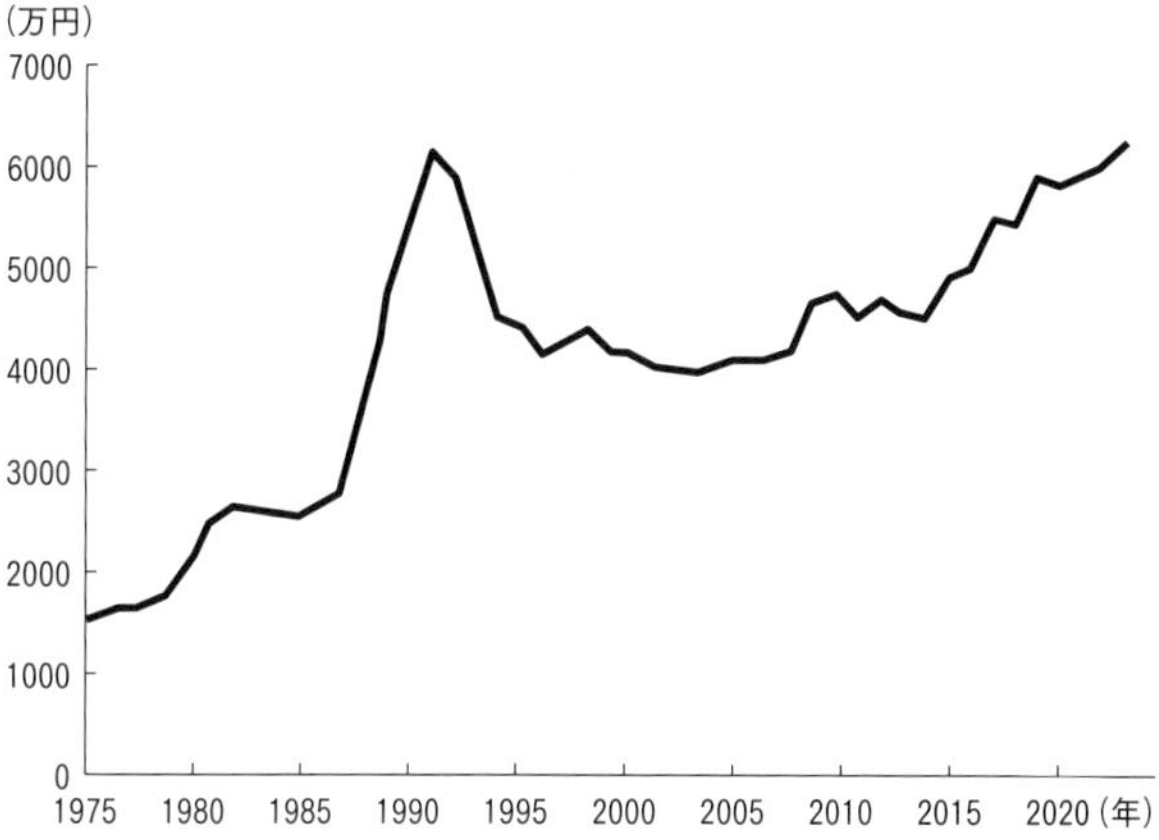

出所：不動産経済研究所

済期を超える水準まで上がっており、こうした矛盾が発生している最大の原因となっているのが、資材価格の高騰です。

　マンションは販売価格のなかで大きな割合を占めるのは土地代で、4割程度を占めています。いっぽう、躯体《くたい》の建設や内装に使用する各種資材や住設機器など、原材料の比率が15％程度です。こうした資材の多くは輸入品であり、その価格は世界経済の成長と共に、一貫して値上がりが続いてきました。

　日本では過去30年間、ほぼゼロ成長に近い状況が続いていました。しかし、残念なことにそれは日本だけの話で、諸外国は同じ期間でＧＤＰを１・５～２倍に増大させています。それにともない、物価も上昇が続いてきました。いくら日本国内が不景気だからといって、日本だけ資材を安く購入することは不可能ですから、どうしてもマンション価格も上がってしまうのです。

一部メディアでは、外国人を含む投資家が投機目的で買い漁《あさ》っているとの報道を行っていますが、これは正確ではありません。確かに投機目的でマンションを買う人もいますが、購入層の大半は自己居住目的です。

2021年に開催された東京オリンピックの前後に、マンション価格が上昇しているのはオリンピック特需による投機であり、大会終了後はマンション価格が暴落するという記事がメディアに溢《あふ》れました。良識のある専門家は、マンション価格はオリンピック後も下がらない可能性が高いという見解を示しましたが、「不動産は暴落する」という大きな声に掻《か》き消され、顧《かえり》みられることはありませんでした。

多くの人にとってマイホームは夢ですから、賃金が上がらないのに住宅価格だけが上がるのは、精神的につらいことかもしれません。こうした心理が、悪質な投資家や特需が価格を吊り上げているのではないかというイメージにつながったものと思われます。しかし

図13　トヨタの1台あたり平均価格と日本人の年収

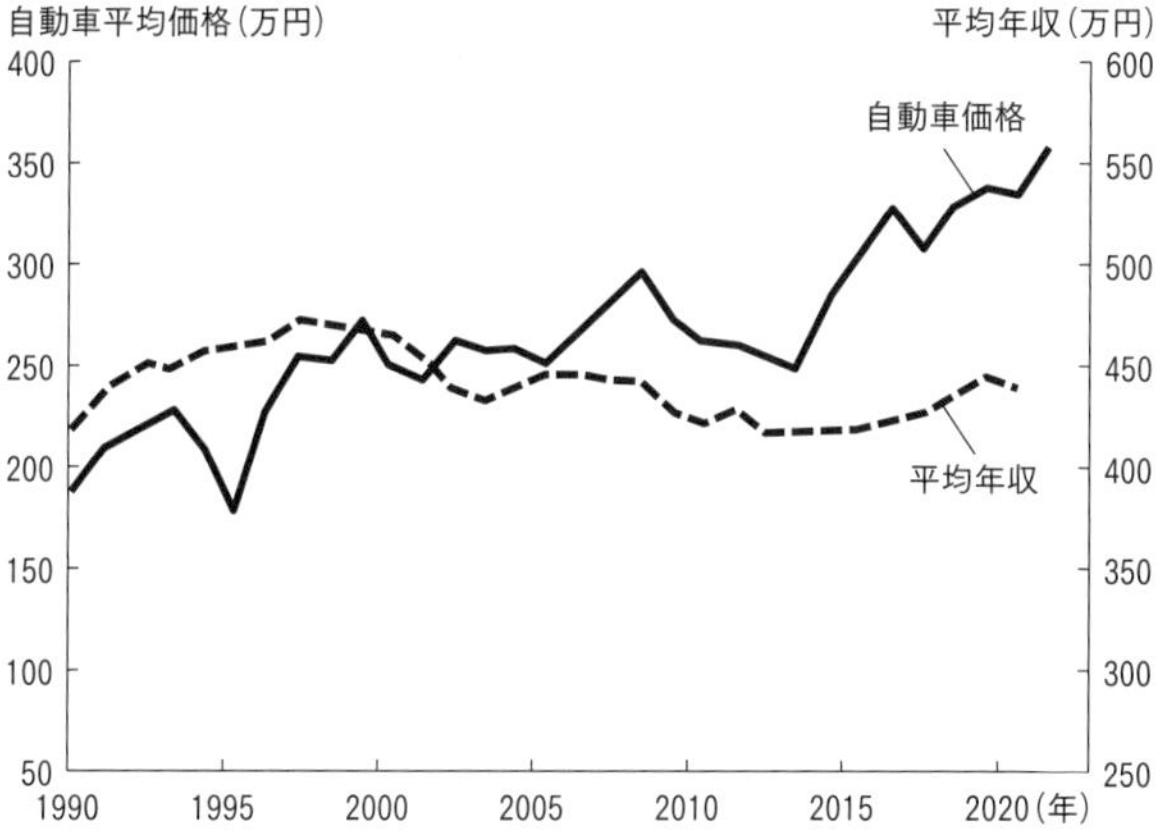

出所：トヨタ自動車、OECDをもとに筆者作成

ながら、住宅は多くの人にとって人生最大の買物です。市場動向を見誤ることは大きな損失につながりますから、やはり冷静になる必要があるでしょう。

自動車も値上がりする

世界経済の価格に連動するという点では、自動車もまったく同じです。

自動車業界は典型的なグローバル産業であり、トヨタ自動車や日産自動車など自動車メーカーは世界各国で自動車の生産や販売を行っています。そうなると、コストや利益の計算も世界経済を基準にせざるを得ません。

図13はトヨタ自動車の1台あたりの平均販

売価格と日本人の平均年収の推移を示したものですが、自動車価格が一貫して上昇しているのに対して、年収は横ばい、あるいは下落していることがわかります。

前述のように、経済成長を実現していないのは日本だけで、海外の物価は上がるいっぽうですから、日本国内だけクルマを安く売るというわけにはいきません。そもそも自動車の販売価格は、全世界でほぼ同一となっていますから、国内の販売価格も世界経済に合わせて上がっていくことになります。このため、日本人にとって自動車は年々、高価な買物になっているのが現実です。

ちなみに、自動車の販売価格に占める原材料価格の比率は、家電などと同様に25〜30%程度と言われています。自動車には多くの資材が使われていますが、それ以上に自動車の製造には研究開発費など、多くの先行投資が必要となりますし、工場を建設するにも多額の費用がかかります。工場で組み立て作業を行う作業員の人件費も膨大です。

自動車のコストは原材料だけで決まるわけではありませんが、原油価格が高騰すれば主な材料である鉄鋼のコストも高くなりますし、タイヤに用いるゴム類や、内装として多用されているプラスチック類の価格も上昇します。

自動車の場合、単一の定価というものはなく、基本価格をベースに、購入者の好みに合わせてさまざまなオプションを付ける形で最終的な価格が決まります。したがって同一条件の価格というものがなかなか見えにくいのですが、多くの資材価格が上昇しているなか、自動車についても、今後は大幅な価格上昇があると考えたほうが自然でしょう。

第3章

円安がインフレを加速させる

ハイペースで進む円安

今、起こっているインフレは全世界的な現象ですが、日本の場合、円安という動きが加わっているため、事態はさらにやっかいです。

インフレが発生している時に自国通貨が安くなると、輸入品の価格がもう一段、上昇します。企業にとってはコスト増加要因ですから、これをカバーするには国内で販売する製品の価格を高くしなければなりません。つまり円安は物価高を加速させる作用をもたらすことになります。

いっぽう、物価高に無理に対応しようとすると、企業は輸入コストの増加分をコスト削減で補おうとするため、賃金に対して下落圧力がかかります。日本は他国に比べて、物価が上がりにくい国ですが、裏を返せば、コスト増加分を価格に転嫁しにくいことを意味します。価格に転嫁できなければ、企業の利益が減少し、最終的には賃金も上がらず、国内の消費が冷え込むことになります。今の日本経済は、インフレに円安が加わり、しかも低賃金という状況ですから、本書のテーマでもある不景気下のインフレ、つまりスタグフレーションに陥りやすい環境にあります。

図14 ドル円相場の推移

※1ドルの価格

出所：筆者作成

それにしても、今回の円安は近年、希《まれ》に見るハイペースでした。２０２１年の年初におけるドル円相場は、１ドル＝１０４円で推移していましたが、その後、一気に円安が進み、２０２２年に入って勢いが加速（図14）。一時は１ドル＝１３９円を突破しました。これは24年ぶりの円安水準です。

このタイミングで円安が進んだ最大の理由は、日米の金融政策に大きな違いが生じており、両国の金利差が拡大するとの予想が高まったからです。

リーマン・ショック以降、各国の中央銀行は国債を積極的に購入し、市場にマネーを供給する量的緩和策を実施してきました。日本を除く各国は量的緩和策がそれなりの効果を発揮し、景気は順調に回復。米国の中央銀行にあたるＦＲＢ（連邦準備制度理事会）は２０２２年3月に量的緩和策を完全に終了し、金融正常化に向けて利上げを開始しました。

いっぽう、日銀は依然として量的緩和策を継続中で、少なくとも２０２２年8月時点において金融政策を変更する方針は示していません。それどころか、金利を一定以上に上げないようにする指し値オペ（一定以上の金利になった場合、無制限で国債を買い取る措置）を実施するなど、あらゆる手段を使って金利上昇を回避するという強い意志が感じられます。

金利が高い国の通貨であれば、銀行に預けたり、国債を持っているだけで高い金利収入を得られます。たとえば１００万円の資金があり、これを米ドルで運用すると、２０２２年6月時点の長期金利は約３・５％ですから、1ドル＝１００円の場合、黙っていても年間3万５０００円の利子収入が得られます（税金は考慮に入れていない）。いっぽう、日本の長期金利は米国の14分の1の０・25％ですから、同じ１００万円を運用しても２５００円の利子収入しか得られません。各国の投資家にすれば、ドルで運用したほうが有利ですから、ドルは買われやすく、日本円は売られやすくなります。

加えて、高金利には金融を引き締める効果があります。

米国は、金利を上げて金融を引き締め、量的緩和策で大量供給したドルを回収しようと試みています。市場に出回るドルの量が減れば、価値が上昇しますから、ドルは上昇しやすくなります。いっぽう、日本は低金利を死守することで、円の大量供給を続けている状態ですから、当然、日本円の価値は下がりやすくなります。つまり、円安ドル高が進みやすくなるのです。

しかも困ったことに、2022年以降、全世界的にインフレ傾向が激しくなっており、各国は自国通貨高を強く望むようになってきました。特に米国世論はインフレに敏感ですから、政府は物価動向に対して神経質にならざるを得ません。ガソリン価格がさらに上がった場合、支持率に大きく影響する可能性が高く、インフレ抑制はジョー・バイデン政権にとって最優先課題となっています。

インフレを抑制するもっとも効果的な手段の1つは金利の引き上げによる自国通貨高ですから、米国は金利の引き上げとそれにともなうドル高を強く望んでいるのです。いっぽうの日本は金融緩和を継続していますから、事実上、円安を容認する形になっています。このため、市場では円が売られやすいという状況が続いているのです。

過去にも日米で金利差が開いたことはありましたが、金利差が拡大しただけでここまで円が売られるというのは前代未聞の事態です。なぜ、今回に限って日米の金利差が激しい円安をもたらしているのでしょうか。

円買いが激減した理由

それは、日本経済の仕組みが以前とは様変わりしており、円に対する需要が大幅に減少しているからです。

戦後の日本経済は基本的に輸出主導型で成長しており、主役は海外に製品を輸出する製造業でした。海外に製品を輸出した企業はたいてい、販売代金をドルで受け取りますが、日本国内の取引先への支払いや従業員の賃金は日本円で行います。このため輸出企業は受け取ったドルを売り、円を買う取引を行って、日本円を確保しなければなりません。輸出が活発な時代は、輸出企業による「ドル売り・円買い」の需要が常に存在していましたから、多少、円安が進んだとしても、過剰に円が売られることはありませんでした。

　ところが1990年代以降、日本の製造業は競争力を低下させ、以前ほど輸出が好調ではなくなりました。また一部の製品については、韓国、台湾、中国など新興国と価格勝負しなければならず、コスト対策から生産を海外にシフトせざるを得ませんでした。

　その結果、国内にあった工場の多くが海外に移転し、日本からの輸出がさらに減少したのです。海外に設立した現地法人が販売代金として受け取った外貨は、日本に送金されることなく、そのまま現地法人が保有するケースが大半ですから、日本円に両替する取引（ドル売り・円買い）が発生しません。結果として、円買い需要が少ない状態が続いています。

　さらに、安全資産として日本円を保有するという動きも低調になっています。

　ドルは世界の基軸通貨であり、世界経済は基本的にドルを中心に回っています。各国の投資家にとって、安全資産はドルということになります。しかし、いくらドルの信用が高いといっても、どのような危機が発生するかを事前に予測することはできません。このため、国際的に資金を運用する投資家は、ドルだけに資金を集中させることはせず、資産の一部はそれ以外の通貨で保有しておこうと考えます。

日本は中国に抜かれる前は世界第2位の経済大国でしたから、資産の一定割合を日本円で持っておこうという投資家は少なくありませんでした。このため、為替市場では常に円を買うニーズが存在していたのです。

ところが近年、日本経済の地位が急激に低下したことや、ドルに準じる通貨であるユーロのシェアが拡大してきたことで、日本円は徐々に安全資産とは見なされなくなってきました。今や、国際金融市場では、米ドルに次ぐ通貨はユーロというのが一般常識であり、近い将来、日本円と中国の通貨である人民元《じんみんげん》との順位も入れ替わるのではないかとの予想も出ています。

実際、これまでなら、戦争のような非常事態が発生した時には、円はドルに次いで買われることが多かったのですが、今回のロシアによるウクライナ侵攻では円はまったく見向きもされませんでした。日本円の地位が本当に低下したかはともかく、かつてのように、有事＝円買いという図式になっていないことだけは確かですから、これは確実に円安要因と考えてよいでしょう。

今回の円安はメリットか、デメリットか？

円安が進むと、輸入品の価格が上昇することになります。

日本はエネルギーのほとんどを輸入に頼っていますし、食生活の多くも輸入によって成り立っています。最近ではスマホ、パソコン、家電など価格が高い製品も輸入するようになっているので、私たちの生活は貿易から大きな影響を受けます。

たとえば、１ドル＝１００円の場合、１ドルの商品を海外から購入するためには１００円を支払います。これが、円高が進んで１ドル＝50円になった場合、同じ商品を購入するために必要な金額は半額の50円ですみます。逆に円安となり、１ドル＝２００円になった場合には、２倍の２００円を支払わなければなりません。

日本は２０２１年、原油や天然ガスなどエネルギーを年間約17兆円、食料品を７・４兆円、パソコンを２・４兆円、スマホやＡＶ機器などを３・４兆円輸入しています（85ページの図15）。

こうした品目は加工して再輸出するためのものではなく、主に国内で消費されますから、衣類や外車などを含めると、日本人は日常的に消費する品目に年間34兆円以上の金額を費やしている計算になります。これは国民１人あたりに換算すると年間27万円を超えます。エネルギーについては、輸出品を製造するために使っている分がありますから、全量を国内消費のために使っているわけではありませんが、半分を国内向けとした場合でも、かなりの金額であることに変わりはありません。

77ページの図14で見たように、日本円は1年間で25％近く価値が下がったわけですから、同じ割合だけ輸入金額が増えることになります。国全体では約８・５兆円、国民１人あたりでは６万８０００円の負担増です。これは直接的な値上がり分ですが、現実には企業の仕入価格の上昇によって、最終製品の価格も上がりますから、消費者が負担しなければならない金額は、この程度ではすみません。計算方法にもよりますが、25％の円安になると世帯あたりの負担が10万円以上になるとの見方もあります。

円安になれば、輸出企業の収益は拡大しますから、本来ならメリットとデメリットがそれなりにバランスするはずですが、先ほども説明したように、今の日本経済は輸出主導型ではなくなっており、輸出企業が享受できるメリットは限られています。円安による国民

図15 日本の主な輸入品(2021年)

品名	金額	区分	1人あたり
食料品	7兆3800億円	○	5万9000円
木材、鉄鋼石など	6兆9300億円	△	-
エネルギー(原油、天然ガスなど)	16兆9700億円	△	13万5000円
化学製品	9兆7300億円	△	-
鉄鋼、非鉄金属	8兆2700億円	△	-
機械類	5兆2900億円	△	-
パソコン	2兆3900億円	○	1万9000円
その他電子部品	6兆9300億円	△	-
半導体など	3兆3500億円	△	-
スマートフォン	1兆9800億円	○	1万6000円
音響機器など	1兆3800億円	○	1万1000円
自動車	1兆3700億円	○	1万1000円
衣類	2兆8300億円	○	2万3000円
その他	9兆9600億円	△	-
輸入総額	84兆7600億円		27万4000円

※○＝多くが国内で直接的に消費される品目
　△＝工業製品の原材料にも使われる品目

出所:貿易統計をもとに筆者作成

負担の増加は、内需をベースにした産業の業績を著しく悪化させますから、今の時代においては、円安が進むとデメリットが大きくなってしまうのです。

円安によるデメリットが大きくなっていることは、円安の進行にともなう経済界の反応を見れば一目瞭然です。円安が急ピッチで進んだことを受けて、多くの関係者がいっせいに円安に対して懸念を表明したからです。

ユニクロを展開するファーストリテイリングの柳井正《やないただし》社長は、2022年4月に行われた決算発表において

「円安のメリットはまったくない」「これ以上、円安が続くと日本の財政に悪影響」と発言しています。日本商工会議所の三村明夫《みむらあきお》会頭も、中小企業の多くが円安による悪影響を受けているとして「日本経済にとって良くない」との見解を示しました。鈴木俊一《すずきしゅんいち》財務相に至っては、「円安が進んで輸入品等が高騰している。悪い円安と言える」とかなり踏み込んだ発言をしています。

為替の上下についてはメリットとデメリットがあり、厳密に言えば、「良い円安」も「悪い円安」もありません。しかし、先ほど説明したように、今の日本は輸入品の値上がりによる影響を受けやすい体質ですから、国民の多くは円安によって生活が苦しくなったと感じています。鈴木氏はこうした状況をわかりやすく説明するため「悪い円安」という言葉を使ったと考えられます。

これまでの日本では、基本的に円安を求める声のほうが圧倒的に大きく、円安懸念の大合唱になるのは、大きな変化と言ってよいでしょう。

円安を是正できない理由

円安を懸念する声がここまで大きくなっているのであれば、政府や日銀は金利の引き上げなど、円安を抑制する方針を示してもよさそうなものです。ところが政府・日銀は、円安を是正する動きはほとんど見せていません。その理由は今の日本で金利を上げると、さまざまな弊害が生じるため金利を上げたくても上げられないからです。

金利を上げられない・上げたくない事情は、政府、日銀、民間でそれぞれ異なります。

政府が金利上昇を望まないのは、金利が上がると政府の利払いが増えるからです。現在、日本政府は約1000兆円の債務を抱えており、先進国のなかでは突出した水準になっています。現時点において日銀はゼロ金利政策を継続しており、政府の利払いはごくわずかな水準に抑《おさ》えられています。しかし、もし日銀が金利を引き上げた場合、話は大きく変わってきます。

日銀が金融政策を変更し、日本の長期金利が今の米国並み（2022年6月時点、約3・5%）に上昇した場合、理論上、日本政府の利払い費は26兆円ほど増加し、最終的には約35兆円となる計算です（償還費用が同じだった場合）。

日本政府の予算は年間約107兆円（2021年度一般会計）ですが、このうち税収でカバーできているのはわずか57兆円しかありません（図16）。残りは、すべて国債という政府の借金で賄われています。金利が米国並みの水準に上昇すると、税収の半分以上が利払い費に消えてしまうことになり、これは消費税に換算すれば18％分にも相当する巨額なものです。

もしこうなってしまったら、際限なく国債を発行し続けない限り、医療や年金、防衛費といった、絶対に欠かすことができない予算さえも制約を受けてしまうでしょう。

日本政府が発行している国債の平均償還期間は約9年なので、利払い費が35兆円に達するには9年間の時間的猶予がありますが、その間に毎年、確実に予算が圧迫されていくのは間違いありません。これでは景気対策どころの話ではなくなりますから、政府は何としても金利を上げたくないというのがホンネだと思われます。

政府が抱える借金の話をすると、必ずと言ってよいほど、「政府の借金は国民の資産なので何の問題もない」といった声高な批判を受けるのですが、これはまったくピントがズレた議論と言ってよいでしょう。国債がその保有者にとって資産であるのは当たり前の事

図16 日本政府の予算と金利の関係

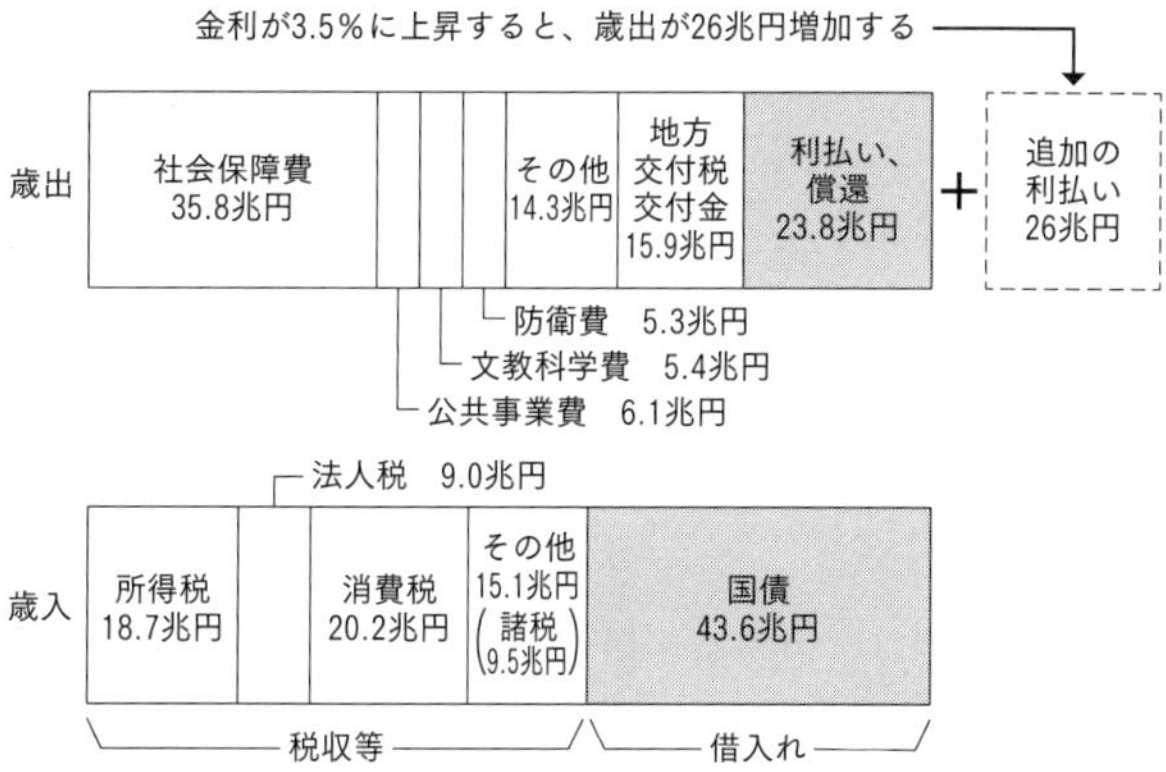

※2021年度予算（一般会計）総額107兆円

出所：財務省をもとに筆者作成

実であり、逆に言えば、正当な資産である以上、国債を発行した政府は、保有者に対して利子を支払わなければなりません。

金利が上がれば、利払いの金額が増えることは、厳然とした事実ですから、政府債務が多いことはそれだけで大きな問題を引き起こすのです。ファーストリテイリングの柳井氏は先ほどの発言に続いて「これ以上、円安が続くと日本の財政に悪影響」と述べていますが、柳井氏はこうした事態を懸念しているのです。

住宅ローン破綻者が増える！

政府と同様、日銀も金利を引き上げたくあ

りません。

メディアでは、安倍晋三《あべしんぞう》元首相が、自身が推進してきたアベノミクスの正当性を強調したいがために、金融政策の転換に反対してきたという記事をよく見かけます。日銀の黒田東彦総裁はアベノミクスの立役者の1人ですから、政治的な理由から日銀が政策転換を実施できないというのもありえない話ではありません。そのような力学が働いているかについては、筆者の立場では何とも言えませんが、それとは別に、日銀には金融理論上の問題として金利の引き上げを望まない理由があります。

それは、日銀が抱えている大量の国債です。日銀は量的緩和策の実施以降、市場から大量の国債を買い付けており、2022年6月末時点において日銀が保有する国債の残高は542兆円に達しています。金利と国債の価格には裏表の関係が成立しており、金利が上がるということは、国債価格が下落することとイコールになります。

もし、ここで金利が上昇した場合、日銀が保有する国債価格も理論上、下落することになりますから、日銀は含み損を抱えます。もっとも日銀は、満期まで保有する国債については時価評価ではなく、簿価評価することになっており、金利が上がったからといって、帳簿上で損失を計上する必要はありません。

一部の論者は、日銀は簿価評価なので金利が上がっても問題ないと主張していますが、それは現実のマーケットを知らない机上の空論です。

たとえば、筆者がある不動産を2000万円で購入したとします。その後、不動産価格が大きく下落し、1000万円程度の価値になったとしても、筆者は簿価で管理しているため、帳簿上は2000万円のままです。この状態で筆者が銀行に行き、2000万円の不動産を持っているから、この不動産を担保に2000万円の融資を依頼した場合、銀行はお金を貸してくれるでしょうか。言うまでもなく、答えはノーです。

簿価か時価かはあくまで帳簿を管理する上でのルールの問題であり、簿価にすれば、担保価値が維持されるということは現実社会ではありえません。そもそも政府は金融機関に対して、簿価評価では経営実態を正しく表示できないので時価評価にすべきという指導を行ってきたわけですから、日銀が簿価評価しているからといって、現実が大きく変わることはありえません。

仮に金利が上昇した場合、日銀に含み損が生じるのは事実であり、市場はそれを前提に動きます。場合によっては、円安がさらに進んだり、金利の上昇ペースが加速するという弊害をもたらす可能性が考えられます。

では、民間企業は金利の上昇でどのような問題に直面するのでしょうか。

日本では長く低金利が続いていましたから、企業は事実上コストゼロで銀行から資金を借りることができました。企業にすれば金利負担がゼロに近いことを意味しており、利益率が低い状態でも経営を維持できてしまいます。

ところが金利が上昇すると、一部の企業は金利負担が大きくなり、業績が悪化します。そうなると株価が下落したり、場合によっては資金繰りに窮するところも出てくるでしょう。業績が悪化すれば、従業員の賃金にも影響しますから、国内経済にとっては大きな逆風となります。

なかでも、もっとも影響が大きいのは個人の住宅ローンです。超低金利時代が長く続いたことから、国内では変動金利で住宅ローンを組む人が圧倒的に多くなっています。変動金利の場合、金利が上昇するとローンの返済額もそれに合わせて増えていきます。今後、金利が急騰する事態になった場合、ローンの返済に追われる世帯が増え、最悪の場合、ロ

図17 金利と住宅ローン返済額の関係

	金利低い	金利高い	
借入額	5000万円		返済期間 30年
金利	0.5%	2.0%	
月々の支払額	14万9594円	18万4809円	
支払総額	5385万円	6653万円	

出所:筆者作成

ーン破綻者が多発することが考えられます。

たとえば5000万円を銀行から借り入れ、30年で返済するプランの場合、金利が0・5%であれば、月々の返済額は約15万円(返済総額は5385万円)ですみます(図17)。これが、金利が2%になると、月々の返済額は18万4809円(返済総額は6653万円)と大幅に増加します。

もっとも、変動金利商品の多くには緩和措置が組み込まれており、この条項があれば、仮に金利が上昇しても毎月の返済額は5年間据え置かれ、5年が経過したあとも最大で25%しか増えません。しかしながら、緩和措置によって不足した返済分は免除されるわけではなく、ローン終了時点で一括返済を求められるケースがほとんどです。しかも一部の商品にはこうした緩和措置が盛り込まれていないことがありますから、商品によっては急激に支払額が増えることもありえます。

日本の住宅ローンは、借り手にすべての責任を負わせる厳しい契約であり、借りた金額はすべて自身が返済しなければなりません。ローンが払えなくなり、自宅を売却したとしても、残高がある場合には、完済が求められます。

いっぽう、消費者保護が徹底している米国では、住宅ローンを返せなくなった場合には、自宅を銀行に渡せば、それ以上の返済義務は発生しません（ノンリコースローン）。借り手負担が大きい日本の場合、変動金利が多い状態で金利が上昇すると、景気には大きなマイナス要因となってしまうのです。

一連の状況を考えると、日本では安易に金利を引き上げることができず、日銀も量的緩和策を継続せざるを得ない状況となっており、これが円安をさらに加速させる作用をもたらしています。

金利を上げずに円安を防ぐ方法

現状では金利の引き上げが難しいとすると、円安を放置せざるを得なくなります。こうした事態を受けて、一部からは為替介入によって円安を阻止すべきという意見も出ているようです。しかしながら、通貨安を防ぐための為替介入は、通貨高を防ぐ為替介入と比較して難易度が高く、その実施は現実的に困難です。

日本の為替介入は財務大臣の権限で行われることになっており、介入の実務は日銀が担います。つまり財務省が意思決定を行い、日銀がそれに従って介入を実施するという流れです。具体的には、財務大臣が介入が必要と判断すると、財務省の国際局にある為替市場課が日銀の金融市場局為替課に指示を出し、為替課は政府の外国為替資金特別会計（外為《がいため》特会《とっかい》）の資金を使って介入を行います。

円高を阻止する介入の場合、円を売ってドルを買う取引ですから、介入資金として円を準備します。具体的には政府短期証券（ＦＢ）と呼ばれる短期債を発行して円資金を調達し、これを売却してドルを買い入れます。政府は事実上、無制限に短期証券を発行できますから、円売り介入の資金は無限大と考えてよいでしょう。

これに対して円安を阻止するための介入を行う場合、ドルを売って円を買う取引になります。円売り介入とは異なり、手元にドルがなければ、当該介入を実施することはできません。政府は、保有する外貨準備の範囲でしか介入できないため、自《おの》ずと介入額には上限が設定されることになります。

投資ファンドなど市場関係者は、通貨防衛の介入は外貨準備の範囲でしか実施できないことをよく理解していますから、ある国の政府が自国通貨買いの介入を実施した場合、ここぞとばかりに売りを仕掛けてきます。

いくら政府が多額の外貨準備を持っていても、世界の投資家が束《たば》になってかかってきた場合には、あっという間に外貨準備を使い果たしてしまう可能性が高くなります。一国の政府が投資ファンドに敗北したケースとしては、1992年の英ポンドの下落や1997年のタイ・バーツの下落などが有名です。

英国は1990年、欧州為替相場メカニズム（ERM）への参加を決断しましたが、当時の英国経済は不調が続いており、割高な水準でERMに参加せざるを得ませんでした。その結果、ポンドには常に下落圧力がかかるという状態が続いていました。

英国がポンドの価値を維持することが困難になったと判断した各国の投資ファンドは、いっせいにポンド売りを実施。これに対して英国政府はドイツ政府からマルクを借入れ、ポンド買い・マルク売りの介入を行いました。一連のポンド売りには、「ヘッジファンドの帝王」と呼ばれた著名投資家のジョージ・ソロス氏が大きな役割を果たしており、各国の投資ファンドはソロス氏の動きに追随し、さらに激しい売りを仕掛けたと言われています。

結局、ドイツからの借入れにも限界があり、英国政府は介入を断念。ファンドによる売り攻勢からわずか1カ月足らずで、英国はERMからの離脱を余儀なくされました。ソロス氏は、1997年にも同じようにタイ・バーツに対して売りを仕掛けており、当初、タイ政府はバーツ買いの介入を実施しましたが、外貨準備がたちまち底を突き、結局、ドルとの連動（厳密にはドルを中心とする通貨バスケット）を放棄せざるを得ませんでした。

一連の出来事をきっかけに、グローバルな金融市場においては、政府が自国通貨安を防ぐ目的で為替介入をしても意味がない、というのが国際的なコンセンサスとなりました。

したがって、今回の円安に対して日本が介入を行っても、ほとんど効果を発揮しない可能性が高いとの結論にならざるを得ません。

円売り・ドル買いの成功例

もっとも、日本政府は過去に円安を阻止する介入で、それなりの成果を上げたこともあります。

１９９５年、メキシコの通貨危機をきっかけに急ピッチで円高が進み、一時は1ドル＝80円を割り込む水準となりました。円高があまりにも激しいことを懸念した日本政府は円売り・ドル買いの市場介入を実施し、その後、１００円の水準まで戻しました。

ところが１９９７年に入ると、逆に円安が過剰に進むようになり、一時は１４５円まで円安が進んでしまいます。過度な円安を警戒した政府は、これまでとは逆に、円買い・ドル売りの市場介入を行い、これによって円は再び値を上げ、１９９８年には1ドル＝１１５円程度まで上昇しています。

当時、財務官として介入の実務を取り仕切った榊原英資《さかきばらえいすけ》氏（現インド経済研究所理事長）は、介入によって外貨準備の10分の1を一気に使ってしまい「あと9回しかないと思った」と発言しています。

同氏は国際金融局長時代に実施した円高是正の巧《たく》みな手腕から、「ミスター円」との異名を取っており、各国のファンドマネジャーは榊原氏の発言を常に意識して投資を行っていました。このため、過度な円安は望まないという日本政府の意向はスムーズに市場に伝わり、これも円売りを止める要因となりました。結果的に、数兆円の外貨準備を放出するだけですみましたが、こうしたケースは希でしょう。

基本的に自国通貨安を防衛する介入は現実的ではなく、過度な円安を防ぐためには、金融政策を変更し、金利を引き上げていくしか方法がありません。しかし、これまで説明してきたように、金利の引き上げにはさまざまなデメリットがありますし、何より日銀が政策を転換する姿勢をまったく示していません。そうなると、どこまで円安が進むのかが、市場における大きな関心事になってきます。

では、今回の円安はいったい、どこまで進むのでしょうか。

1ドル＝150円が1つの節目

為替というのは、さまざまな要因で動きますから、理論上、明確にいくらまで安くなるといった予測を立てることはできません。あくまで1つの仮説ですが、ここでは日本の経常収支に着目してみたいと思います。

経常収支は、国の最終的なお金の出入りを示す指標です。経常収支は主に貿易収支と投資収益（所得収支）の2種類で構成されています。貿易収支は、輸出額から輸入額を差し引いたもので、戦後の日本は積極的に工業製品の輸出を行ってきましたから、貿易収支は一貫して黒字が続いていました。

昭和中期までは経済全体として資金に余裕がなく、海外への投資はあまり積極的ではありませんでした。しかし、昭和後期から平成にかけて、貿易黒字によって蓄積した外貨を投資に回すようになり、徐々に貿易黒字に匹敵する黒字を所得収支で獲得するようになりました。

2005年には、とうとう所得収支の黒字が貿易黒字を上回り、日本は名実共に輸出ではなく、投資によって稼ぐ国に変貌しました。その後、日本企業の輸出競争力の低下にともない、貿易黒字は年々減少していますが、所得収支の黒字は維持されており、全体としての収支である経常収支は黒字が続いています。一般的に経常収支が黒字の国の通貨は買われやすく、これが日本円の価値を支えていた面があることは否定できません。

ところが近年、貿易黒字が減っても経常収支の黒字は維持できるという、これまでの日本の常識を覆《くつがえ》すような事態が発生しています。このところ急激に進んだ全世界的な物価上昇の影響で輸入金額が増大し、所得収支の黒字では貿易赤字をカバーできないケースが出てきたのです。

２０２１年12月の国際収支は原油価格の高騰などから貿易赤字が拡大し、経常収支は３７０８億円の赤字に転落しました。翌２０２２年１月の経常収支はさらに悪化し、１兆１８８７億円の赤字となっています。２月以降は黒字を回復しましたが、原油価格や食糧価格の高騰が続いていることから、市場では通年でも赤字に転落するのではないかとの声が高まっています。もし通年で赤字となった場合、第２次オイルショックの影響を受けた１９８０年以来の出来事となります。

どのような経済状態でも、基本的に経常黒字を維持してきた日本経済の常識からすると、経常赤字の可能性について取り沙汰されるのは、大きな変化です。経常収支が赤字の国は、基本的に通貨が売られやすくなりますから、当然、一連の変化は円安要因です。

輸出が弱くなったのは、日本企業の競争力低下に原因があり、すぐに改善することは不可能です。また、原油や食糧の価格が上がっているのは、世界経済の動きによるものですから、日本側の努力で何とかなるものではありません。そうなると、日本の経常収支を短期的に改善するには、円安がさらに進み、輸出の増加を期待することがもっとも近道となります。

先ほども説明したように、日本メーカーは1990年代以降、韓国、台湾、中国といった新興国と価格勝負するため工場を次々に海外に移転しました。しかし、円が大幅に安くなれば、国内の人件費も相対的に安くなりますから、中国など海外で生産していた製品を国内生産に戻すという選択肢が出てきます。

製造業がどこでモノを生産したほうが有利なのかを示す指標の1つに、「ユニット・レーバー・コスト（ULC）」があります。これは、生産を1単位増加させるために必要な追加労働コストを指しています。筆者が試算したところによると、すでに中国全体のULCは日本と拮抗《きっこう》しており、沿岸部に限定すれば、日本よりも高いケースが出てきています。

ここからさらに円安がさらに進んだ場合、日本のほうが労働コストが安くなるため、国内で生産することが現実味を帯びてきます。

仮に１ドル＝１５０円程度まで円安が進むと、中国のＵＬＣは日本の１・２倍となりますが、過去の経験則から、ＵＬＣの差が１・２倍以上に拡大すると、企業は生産拠点の変更を決断しやすくなります。企業の生産が国内に戻れば、輸出が増加し、実需での円買いも復活するので、円安が止まる可能性が見えてきます。あくまで企業の生産拠点と経常収支に着目した数字でしかありませんが、長期的に見た場合、１ドル＝１５０円が１つの目安となりそうです。

第4章

オイルショックから学ぶ

今回のインフレはオイルショックに似ている

今回のインフレは1970年代に発生したオイルショックと似ているという話を耳にすることがあります。筆者もそのように認識しており、当時の状況を知ることには大きな意味があると考えます。本章ではオイルショックの実態を探り、現在のインフレとの類似点・相違点から現在と今後の経済状況を解説していきます。

ただ、もし本当にオイルショックとよく似たインフレだった場合、事態はかなり深刻であり、すぐに問題は解決しないという、厳しい予想にならざるを得ません。では、オイルショックとはどのような出来事だったのでしょうか。簡単に整理してみます。

1973年10月、OPEC（石油輸出国機構）加盟6カ国は、1バレル3・01ドルだった原油公示価格を突如、5・11ドルに引き上げ、翌年1月からはさらに11・65ドルに引き上げました。これをきっかけに1次産品のほぼすべてが値上がりし、各国はすさまじいインフレに直面しました。

実際、1970年から1980年にかけての10年間で、日本や米国における消費者物価指数は何と2・5倍になりました（図18）。米国のような成熟した先進国の物価がここま

図18 1970年代における消費者物価指数の推移

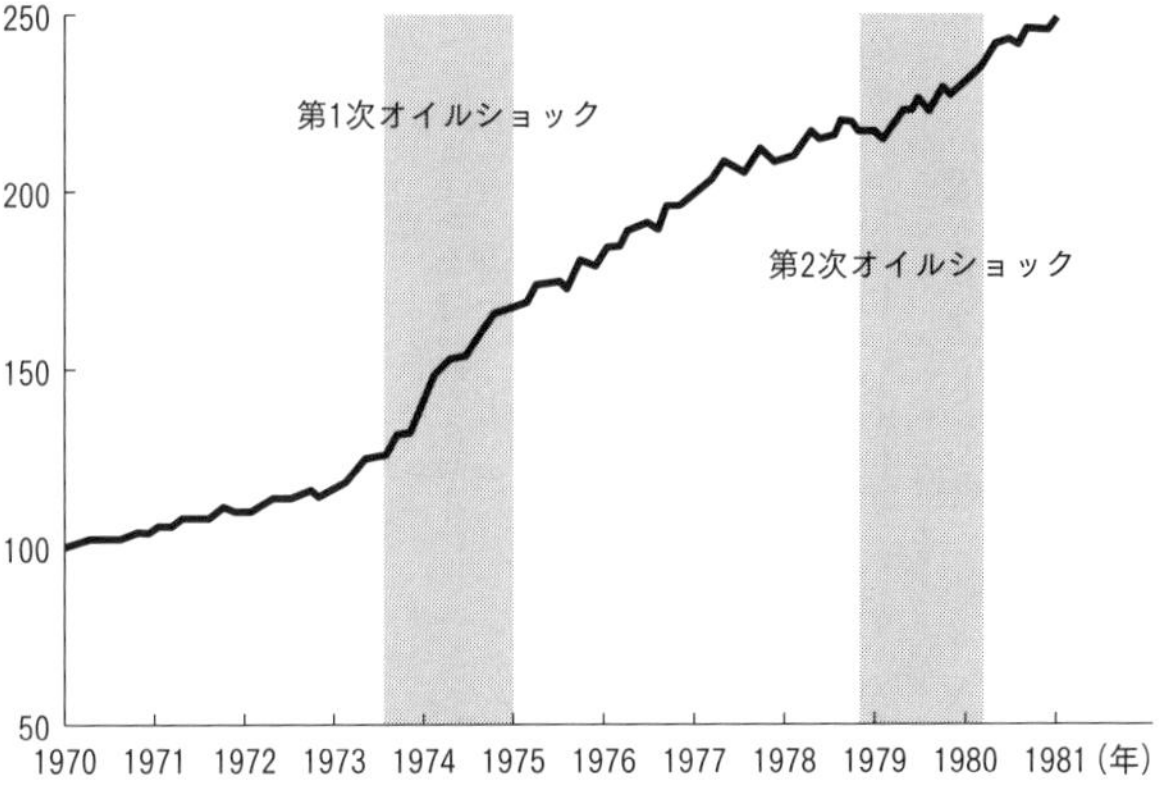

※1970年1月を100とした時の相対値

出所：総務省

で急上昇することは、戦争など特殊なケースを除いて、そうはありません。

日本国内では、新聞の見出しに「狂乱物価」という言葉が並び、トイレットペーパーがなくなるという噂が立ったことで、スーパーなど一部の小売店に買物客が殺到、一時は棚からほとんどの商品が消えるパニック的な事態となりました。

もっとも、トイレットペーパーがなくなるというのは完全にデマの領域で、物資不足はそこまで深刻ではありませんでした。パニックが発生したのも一部だけだったようです。当時、筆者は子どもでしたが、母は生前、近所のスーパーには普通に商品が並んでおり、それほど混乱していたわけではなかったと語っていました。しかしながら、物価が10年で2・5倍になったのは事実であり、日本社会にきわめて大きなショックを与えたことは間違いありません。

厳密に言うと、オイルショックは2回発生しています。1回目は先ほど説明した1973年の原油価格上昇を、2回目は1979年に産油国が3回にわたって原油価格を引き上げたことによる物価上昇を指しています。1回目を第1次オイルショック、2回目を第2次オイルショックと呼びますが、前置きなしでオイルショックと言う時には、影響が大きかった1回目を指すか、2回分を総称することが多いようです。

オイルショックは原油価格の引き上げがきっかけですから、教科書的に言えば、コストの上昇が全体の物価に波及する典型的なコストプッシュ・インフレということになります。確かに、学校の教科書には、コストの上昇によるインフレは「コストプッシュ・インフレ」、需要が拡大して起こるインフレは「ディマンドプル・インフレ」などと書いてあります。

ただ、こうしたわかりやすい区分はあくまで教科書での話であって、現実世界はもっと複雑です。広範囲にインフレが発生する時には、たいていの場合、複数要因が絡み合っているものです。したがって、オイルショックで発生したインフレや今回のインフレを、機械的にコストプッシュ・インフレと判断するのは危険だと筆者は考えます。理由は、仮に原油価格が落ち着いても、インフレが収束する可能性は低いからです。

前回も今回も、物価上昇の起点となっているのは原油価格の高騰です。しかし、経済学の常識として、特定品目の価格が急上昇しただけで、経済圏全体の物価が上がることは、通常ありえません。では、オイルショックによるインフレはなぜ起こったのでしょうか。

オイルショックの2年前に起きた重要な出来事

実はオイルショックの2年前、世界経済にとって重大な出来事が発生し、その後のインフレに大きな影響を与えました。その重大な出来事とは、米ドルと金《きん》の兌換《だかん》停止、いわゆるニクソン・ショックです。

第2次世界大戦後、米国は屈指の超大国となり、米ドルは英ポンドに代わって世界の基軸通貨となりました。米ドルは金との兌換が保証され、米国はいつでもドルと金の引き換えに応じていました。こうした通貨制度が維持できたのは、米国経済が好調に推移していたからです。

1960年代までの米国経済はまさに破竹の勢いであり、世界の富《とみ》が米国に集まっていましたから、米国は十分な量の金を確保することができました。ところが1960年代の後半になって米国企業の競争力が急速に低下し、米国経済に陰りが見えるようになってきます。1960年代前半まで、米国の貿易収支は一貫して黒字となっており、最終的な国の収支である経常収支も黒字が続いていました。

ところが、1960年代後半から急激に貿易収支が減少し、1970年代に入ると、慢性的な貿易赤字体質が定着します。当初は、海外への投資から得られる所得収支が貿易赤字をカバーしていましたが、貿易赤字が大きくなるにつれ、それも限界に達し、経常収支も赤字になる年が増えてきました。同じタイミングで米国はベトナム戦争に突入しており、政府の財政状況も悪化します。米国政府は膨《ふく》れ上がる戦費を調達するため、大量の国債発行を行い、市場には多額のドルが流通することになります。

当時の通貨制度は、金との兌換が保証されている米ドルを中心に、各国が固定の為替レートを設定しており、日本の場合、1ドル＝360円で取引されていました。当初は問題なく為替取引が維持できていましたが、ドルの価値が毀損《きそん》しているのではないかと考える投資家が増え、徐々にドルに対して下落圧力がかかるようになります。

その結果、米国にドルと金の兌換を求める投資家が殺到し、米国の金準備が急激に減少する事態となりました。このままでは米国が構築した通貨制度が破綻する可能性が出てきたことから、リチャード・ニクソン政権は突如、金とドルの交換を一方的に停止するという非常措置を発動しました。これがニクソン・ショックです。

世界の為替市場は半ばパニックとなり、日本を除く主要国は一時、為替市場を閉鎖。済《な》し崩《くず》し的に変動相場制となり、取引再開後の市場ではドル売りが殺到したことから、ドルは一気に値を下げることになります。その後、一時的に固定レートの再設定が模索されますが（スミソニアン体制）あまりうまくいかず、結局、その後の為替市場は、現在に至るまで変動相場制が続いています。

固定相場制時代は1ドル＝360円でしたが、1978年には180円台を付けるなど、ドルの価値は数年間で半分にまで下がりました。

つまり、米国経済は1960年代後半から調子が悪くなり、ドルの価値が低下。市場にはドルが溢れかえり、インフレ圧力が高まっている状態でした。当時の米国におけるマネーサプライ（金融部門から経済全体に供給される通貨の総量。現在はマネーストックと呼ぶ）を見ると、ニクソン・ショックをきっかけにマネーの量が急増していることがよくわかります。

大量のマネー供給は何をもたらしたか？

問題はそれだけにとどまりません。

ニクソン・ショックによってドイツ・マルクや日本円は逆に急上昇し、両国では通過高による不景気が懸念されました。そして、日本やドイツの中央銀行は円高・マルク高によるショックに対処するため、市場に大量の流動性供給を行います。米国以外の国でもマネーストックが急増したわけです。

このように、オイルショックの2年前には、各国の市場はマネーで溢れかえっており、インフレは爆発寸前でした。実際、産油国が一方的に価格を引き上げる1973年以前から物価上昇はスタートしており、原油価格の引き上げはそれに拍車をかけただけにすぎません。

つまりオイルショックによるインフレは、各国の金融政策による大量のマネー供給と原油価格の上昇という2つの要因が重なったものであり、けっして、原油価格の上昇という単独要因で発生したものではないのです。

金融政策の影響によって市場に大量のマネーが供給され、原油価格の上昇で一気にインフレが加速する――。この一連の流れに、思い当たる節《ふし》はないでしょうか。勘の良い読者はすでにピンと来ているでしょう。

1970年代はニクソン・ショックという出来事がインフレのマグマとして機能したわけですが、今回のインフレで、それに相当するのは、各国政府が行ってきた量的緩和策です。

各国の中央銀行はリーマン・ショックに対処するため、国債を積極的に買い入れ、市場に大量のマネーを供給する量的緩和策を実施してきました。ニクソン・ショックの時にはインフレを狙ってマネーを供給したわけではありませんが、今回の量的緩和策は意図的にインフレを発生させ、これを設備投資拡大の引き金にする政策ですから、当初からインフレになることは想定済みです。

日本を除く各国は、量的緩和策がそれなりの成果を上げ、特に米国は2022年3月に量的緩和策を終了。金融政策を正常化するため、金利の引き上げモードに入りました。ところが、ほぼ同じタイミングで原油価格や食糧価格が高騰したことで、期せずしてオイルショック当時とまったく同じ状況に放り込まれてしまったのです。

マネーを市場に大量供給する量的緩和策を実施していたところに、原油価格や食糧価格の高騰が加わっていますから、原油価格が落ち着いたからといって、物価上昇が止まる保証はありません。多くの専門家が今回のインフレがやっかいであると認識しているのはこうした理由からです。

米国政府のインフレ対策

今回のインフレがオイルショックとよく似ているのなら、解決策についても過去にヒントがあるかもしれません。それによって、インフレをうまくコントロールできるでしょうか。米国を例に見てみましょう。

現時点において、米国はうまく物価をコントロールできるか否かの瀬戸際に立っていま す。米国の物価上昇はかなりの急ピッチですが、賃金も相応に上がっており、株価も致命的には下がっていません。米国がこの状態を維持できるかは、FRBの政策次第ということになりますが、現在のFRBのトップであるジェローム・パウエル議長は「オイルショックにはならない」と、金融政策に自信を見せています。パウエル氏が物価を制御できると判断している理由は、主に2つです。

1つは、米国の原油産出量の違いです。

オイルショック当時も現在も、米国は世界最大の原油産出国ですが、1973年当時の米国は自国で消費する石油の半分しか産出できず、残りは中東などからの輸入に頼っていました。ところが近年は、シェールガスの開発が進んだことで米国内の産出量が増加したことに加え、再生可能エネルギーへのシフトによって米国における石油の消費量は大幅に減少しています。

このため、現在の米国は、自国で消費する以上のエネルギーを産出することが可能であり、もはや輸入に頼る必要がありません。米国は各国に対する影響力の維持という目的から、原油の輸入も継続して行っていますが、総合的に見た場合、米国はもはや原油市場の動向に影響を受けない国と考えてよいでしょう。

パウエル議長は、米国経済は以前ほど原油市場から影響を受けないので、原油価格の上昇を過度に懸念する必要はないとの見解を示しています。

もう1つは、利上げの前倒しです。

パウエル氏は、必要に応じて利上げを前倒しするなど、市場に対して柔軟な姿勢で臨《のぞ》む方針を示しています。具体的には、予想よりも物価上昇が進みそうな時は、躊躇せず金利を引き上げることで、インフレの芽を摘《つ》んでいく手法ですが、こうした微妙な舵取りは口で言うほど簡単ではありません。それにもかかわらず、パウエル氏が実現可能であると認識しているのは、オイルショック当時の手痛い教訓があるからと言われています。

インフレを放置すると手が付けられなくなり、あとで大変な荒療治に追い込まれるという話は誰もが理解しているはずですが、インフレ発生当初は、その影響を軽視してしまうケースも少なくありません。オイルショック当時の米国はまさにその典型と言ってよい状況でした。

当時、FRB議長だったアーサー・バーンズ氏はインフレを甘く見て、米国はインフレにはならないと豪語していました。ところが、予想に反してインフレが深刻化してくると、バーンズ氏は自らの主張を正当化するため、消費者物価指数から値上がりが激しい品目を外し、インフレは軽微であると主張するようになります。

やがて、誰の目にもインフレが明らかとなり、バーンズ氏は1978年に退任します。次のウィリアム・ミラー議長は短期で終わり（在任1年半）、後任のポール・ボルカー議長が、政策金利を20%まで引き上げる荒療治を実施し、何とかインフレを抑え込みました。

しかしながら、金利を20%まで引き上げれば、経済には深刻な影響が及びます。1980年の米国における実質GDPはマイナス成長に転落し、失業率も1982年には10%を突破。FRBには全米から抗議が殺到しました。

ボルカー氏は政府要人であるにもかかわらず、安物の葉巻がトレードマークという一風変わった人物であり、時に「石頭」と揶揄《やゆ》されるほど、インフレ抑制に強い信念を持っていました。政治的圧力に対して一歩も引かないボルカー氏でなければ、一連のインフレ抑制は実現できなかったとも言われています。

米国はインフレ予想を甘く見たことで、大きな代償を支払ったわけですが、一連の出来事から、FRBは市場に先んじてインフレを抑制することの重要性を強く認識するようになりました。現在のパウエル氏もこうしたDNAを引き継いでおり、インフレが過度に進みそうになった時には、躊躇なく金利を引き上げることを表明しています。

とはいえ、実際にインフレが進んでくると、金利を引き上げるのは簡単なことではありません。金利を上げれば確実に景気にはマイナスとなりますから、各方面から反対の大合唱となるのは目に見えているからです。今のところ、市場はパウエル氏の手腕を信用している状況ですが、氏の真価が発揮されるのはこれからでしょう。

過ちは繰り返されるか?

前述のように、バーンズ氏は失態を演じたとされていますが、産業界からの強い圧力があり、金利の引き上げに踏み切れなかったという話もあります。本当のところはわかりませんが、「インフレは発生していない」という主張を正当化するために、指数に変更を加えることは、大きな間違いだったと言ってよいでしょう。

では、バーンズ氏の過ちは完全に過去のものかというと、必ずしもそうとは言えません。その理由は、バーンズ氏が編み出した、指数を加工する手法は今でも別の形で活用されており、場合によっては、判断ミスをもたらすリスクと隣り合わせになっているからです。

近年、消費者物価指数の1つとしてよく使われるものに、消費者物価指数（CPI）から変動が激しい食品やエネルギーなどを除いた「コアCPI」があります。実は、コアCPIの原型は、物価上昇をなかったことにしたかったバーンズ氏の意向によって作られたものなのです。

バーンズ氏は、OPECによる原油価格の引き上げは単なるコスト上昇要因であって、金融政策とは無関係であると判断。原油価格の上昇が消費者物価指数を引き上げているのは本来の姿ではないとして、エネルギー関連の項目を同指数から取り除くよう指示しました。その後、物価が上がるたびに特殊要因であるとして、多くの項目を指数から除外し、最後には3割程度しか項目が残らなかったと言われています。

指数にはそれぞれクセがありますから、条件が異なる複数の指数を使い分けることにはそれなりに意味があります。また、エネルギー価格は変動が大きいため、物価の本当の様子を知るためには、エネルギー価格を除外したほうが好都合というケースはありえます。

ですから、コア指数（消費者物価指数から生鮮食品を除いた指数）やコアコア指数（消費者物価指数から生鮮食品とエネルギーを除いた指数）を活用することの意味は、筆者も否定しません。しかし、望む結果が得られないからといって、意図的にモノサシを変える行為は科学の世界では絶対にあってはならないことであり、バーンズ氏はそのタブーを犯《おか》してしまったことになります。

したがって、コア指数やコアコア指数を使って分析する際には、そのクセをしっかりと理解した上で、参考値として用いるのが王道です。ところが、一部の専門家は、当時のバーンズ氏と同様、望む結果を得るためか、加工した指標を濫用しています。

日本でも、インフレを否定したいがために、あえて総合指数を無視し、意図的にコア指数（あるいはコアコア指数）ばかりを持ち出して議論する人がいますし、逆に原油価格が大幅に下落していた2015年前後には、物価は上がっている（つまり量的緩和策はうまく機能している）と主張したいという意図からか、コアコア指数がやたらと強調され、メディアで同指数ばかりが取り上げられたこともありました。

ちなみに、2022年3月の消費者物価指数はプラス1・2％であり、コアコア指数はマイナス0・7％でした。両者には大きな乖離がありますが、生活実感としてどちらが現実を反映しているのかは説明するまでもないでしょう。

2022年に入り、生活必需品を中心に、商品価格が次々に値上げされていることは疑いようのない事実であり、物価は確実に上がっています。原油価格などの上昇が最終的に製品価格に反映されるまでには時間がかかりますし、消費者物価指数というのは、多数の品目価格を平均したものですから、なかには価格が上がらない商品もあり、指数全体がすぐに上昇するわけではありません。

経済の現状を的確に理解するためには、まずはすべての製品価格を包括した総合指数を分析し、コア指数やコアコア指数は必要に応じてあくまでも参考値として利用すべきです。当然ですが、望む結果を得たいがために指数を使い分けるようなことはあってはならないことです。

今後のシナリオ

では、今後日本においても欧米各国と同様、物価は上がっていくのでしょうか。この疑問についても、オイルショック当時の物価の動きを知ることで、ある程度までなら推測できると思います。

日本の場合、エネルギーや食糧の多くを輸入に頼っていますから、海外の物価上昇は輸入価格の上昇という形で顕在化します。輸入価格の上昇によって企業は利益が圧迫され、最終的に製品価格に転嫁されるという流れで物価が上昇していきます。

最終的な製品価格にどの程度、値上げ圧力が加わっているかは、企業の仕入価格の動向を見ればわかります。そして、仕入価格の動きをもっとも端的に示している経済指標が、企業物価指数（以前の名称は卸売物価指数）です。図19は、第1次オイルショック当時の消費者物価指数と企業物価指数の動きを示したものです。

先ほどから説明しているように、産油国が原油価格を引き上げる前からインフレは始まっており、消費者物価指数は上がっていました。ここに原油価格の引き上げが加わったことで一気にインフレが加速したわけですが、最初に反応したのは企業物価指数でした。

図19 消費者物価と企業物価の違い

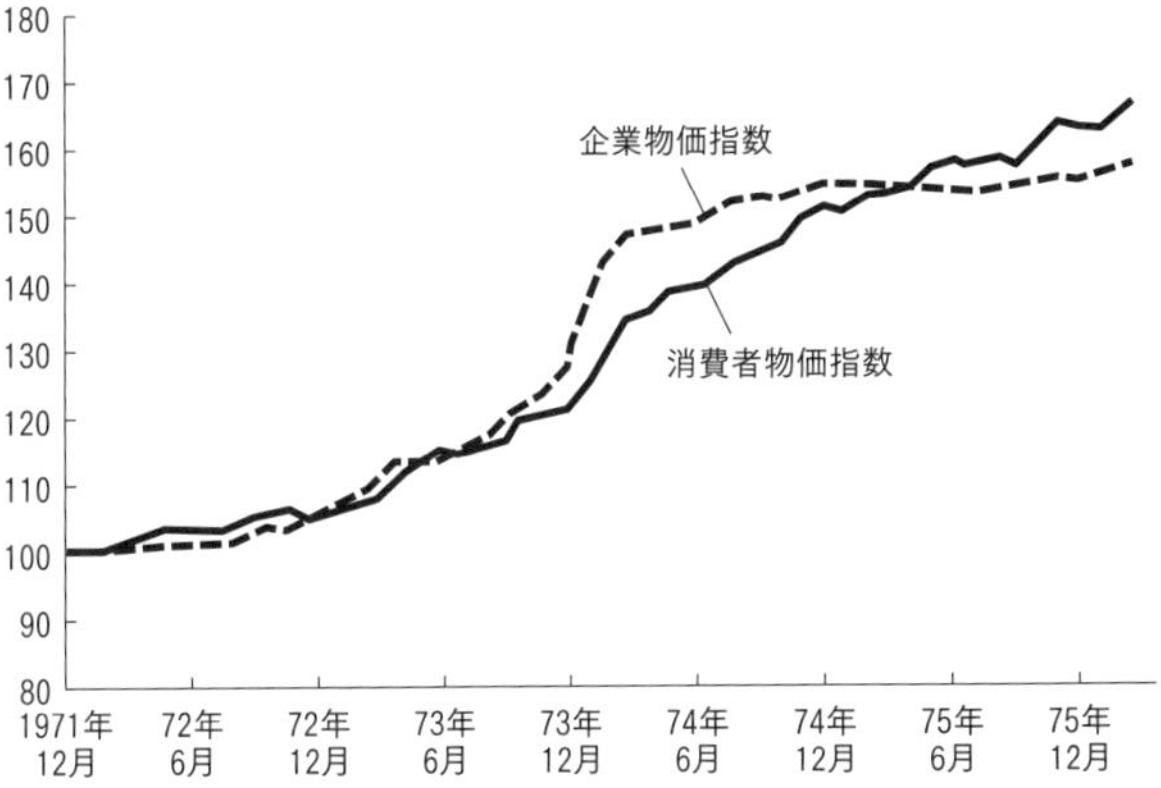

※1972年1月を100とした時の相対値

出所:日銀、総務省をもとに筆者作成

１９７３年後半から企業物価指数が急上昇し、それを追いかけるように、消費者物価指数が上昇。その後は、消費者物価指数が企業物価指数を追い越し、経済圏全体で激しい物価上昇となったことがわかります。

物価の上昇が始まった場合、最初に影響が出てくるのが企業の仕入ですが、最終製品やサービスの価格を上げると販売数量に影響するため、一部の企業はギリギリまで値上げを踏みとどまります。しかし、仕入価格の上昇が続き、他のコスト削減努力ではとうてい、吸収できないほどにコストが上がると、こうした企業も値上げを決断することになります。したがって、原油価格や食糧価格の上昇が、消費者物価全体に波及するまでには、しばらく時間がかかることになります。

今回のインフレがオイルショックと同じような展開になると仮定した場合、先に企業物価指数が上昇し、遅れて消費者物価指数が上昇するという流れが予想されます。具体的に見てみましょう。

日本の企業物価指数はしばらく消費者物価指数と同じ動きを見せていましたが、2021年10月以降、企業物価指数の上昇が顕著となっています。2022年3月には前年同月比で9・5％という高い数値を記録しました。これは39年ぶりの高い水準です。消費者物価指数もジワジワと上がっている現実を考えると、オイルショック当時とまったく同じではないものの、いずれ消費者物価指数も上がっていくシナリオが有力です。

第1次オイルショックと第2次オイルショックの違いに注目

このように、オイルショックによるインフレと今回のインフレは非常によく似ているのですが、大きな違いが1つあります。それは、基本的な経済状態の違いです。

当時の日本経済は1960年代から長期にわたる好景気が続いており（いざなぎ景気）、

同景気が一段落したあとも、田中角栄《たなかかくえい》元首相による列島改造ブームが発生するなど、成長が続いていました。原油価格の高騰で成長率は大幅に低下しましたが、それでも今の時代と比べれば、圧倒的に経済は好調であり、インフレによる悪影響も、今と比較するとそれほど大きくなかったと考えてよいでしょう。

では、今回のインフレによって、生活はどれくらい苦しくなるのでしょうか。

インフレが進んだ時に生活が苦しくなるか否かは、基本的に賃金がインフレに合わせてどれだけ上昇するかにかかっています。もし物価上昇と同じペースで賃金が上がっていれば、消費者にとって実質的な生活水準は変わりません。

たとえば、これまでの米国は物価が激しく上昇したものの、賃金も大幅に上がっていたことから、社会全体として一方的に生活が苦しくなる状況にはなっていませんでした。ところが2022年以降は、特に低所得者層を中心に、賃金上昇ペースが物価上昇ペースに追い付かないケースが出てきており、これ以上インフレが進むと、米国でも生活が苦しいと感じる人が増えてくるでしょう。

日本は諸外国ほどには物価は上がっていませんが、多くの人が生活が苦しいと感じています。その理由は、日本では賃金がほとんど上昇していないため、物価が上がると、その分だけ購入できる商品やサービスが少なくなってしまうからです。

１９７０年代のオイルショック当時、賃金がどのように推移したかを見てみましょう。図20は１９７０年代における賃金（1人あたり雇用者報酬）と物価（消費者物価指数）の上昇率を示したグラフです。

１９７３年に発生した第1次オイルショックによって、消費者物価指数は20％以上の上昇率となりましたが、賃金は25％以上と、物価以上の上昇率を示しています。つまり第1次オイルショックでは、物価以上に賃金が上がっていたため、数字上は、消費者は何とか生活水準を維持できたことが想像できます。その後、賃金の上昇率は低下しますが、それでも物価の上昇を上回っていました。

ところが、１９７９年に発生した第2次オイルショックの時には、賃金と物価の関係が逆転します。賃金は低下が進むいっぽう、消費者物価指数は逆に8％まで上昇しました。この時には、今の日本と同じく、消費者は生活が苦しいと感じたはずです。

幸いなことに、第2次オイルショックは長く続かず、日本の輸出も堅調に推移したた

図20 賃金と消費者物価指数の上昇率

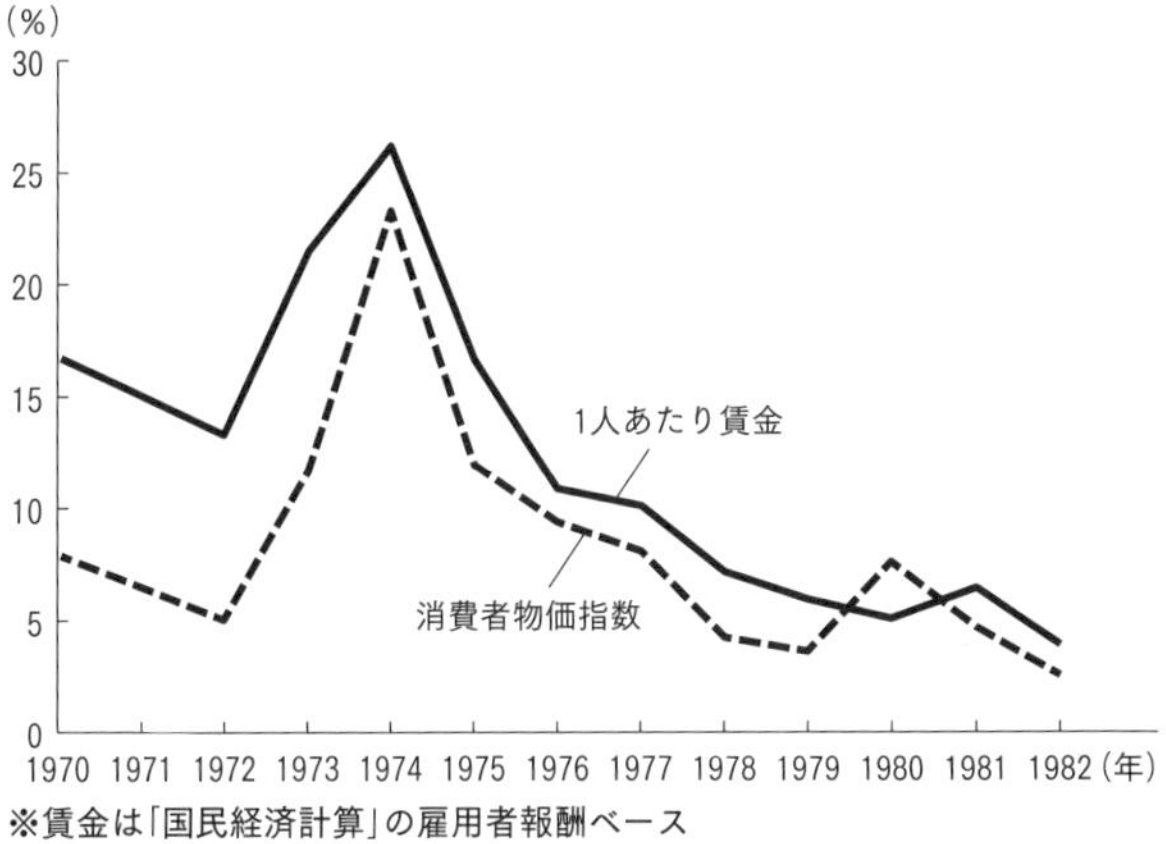

※賃金は「国民経済計算」の雇用者報酬ベース

出所:内閣府、総務省などをもとに筆者作成

め、その悪影響は短期間で収束しました。しかしながら、状況次第で物価だけが上昇し、賃金が上がらないという事態が容易に発生することは、図20からも明らかです。

業種、企業で分かれた明暗

物価の上昇が賃金に結びつくか否かは、企業が仕入コストの上昇分を最終製品の価格にどれだけ転嫁できるかによって決まります。つまり企業が値上げを決断できれば、賃金は上がっていきますが、何らかの理由で値上げを決断できない場合、そのシワ寄せは従業員の賃金に向かってしまいます。

第2章で解説したように、製品やサービス

の原価は業界や製品の種類によって異なっており、インフレへの耐性もさまざまです。しかしながら、大まかな理解としては、原材料比率が高く、消費者にコスト上昇が理解されやすい商品ほど値上げしやすく、高価格な製品、原材料が見えにくい製品・サービスほど値上げしにくくなります。そうなると、素材などを作っているメーカーは値上げしやすく、製造工程が長い工業製品の場合には値上げしにくいと推察されます。また、顧客に近く、価格据え置きの要望を強く受ける業界も、値上げしにくいということになるでしょう。

企業が製品を値上げできないということは、コスト上昇分を吸収できないということですから、企業利益や従業員の賃金に影響します。図21は1970年代における日本企業の業績推移（営業利益率の推移）を示したものです。「全業種」とは日本全体の企業業績のことですが、第1次オイルショックが発生した1973年度は営業利益率が上昇したものの、その後は低下し、1979年の第2次オイルショックにおいても、明確な業績拡大は観察されませんでした。この結果は、賃金と物価の上昇率を示した図20（127ページ）と整合性が取れます。

図21 1970年代の企業業績の推移（営業利益率）

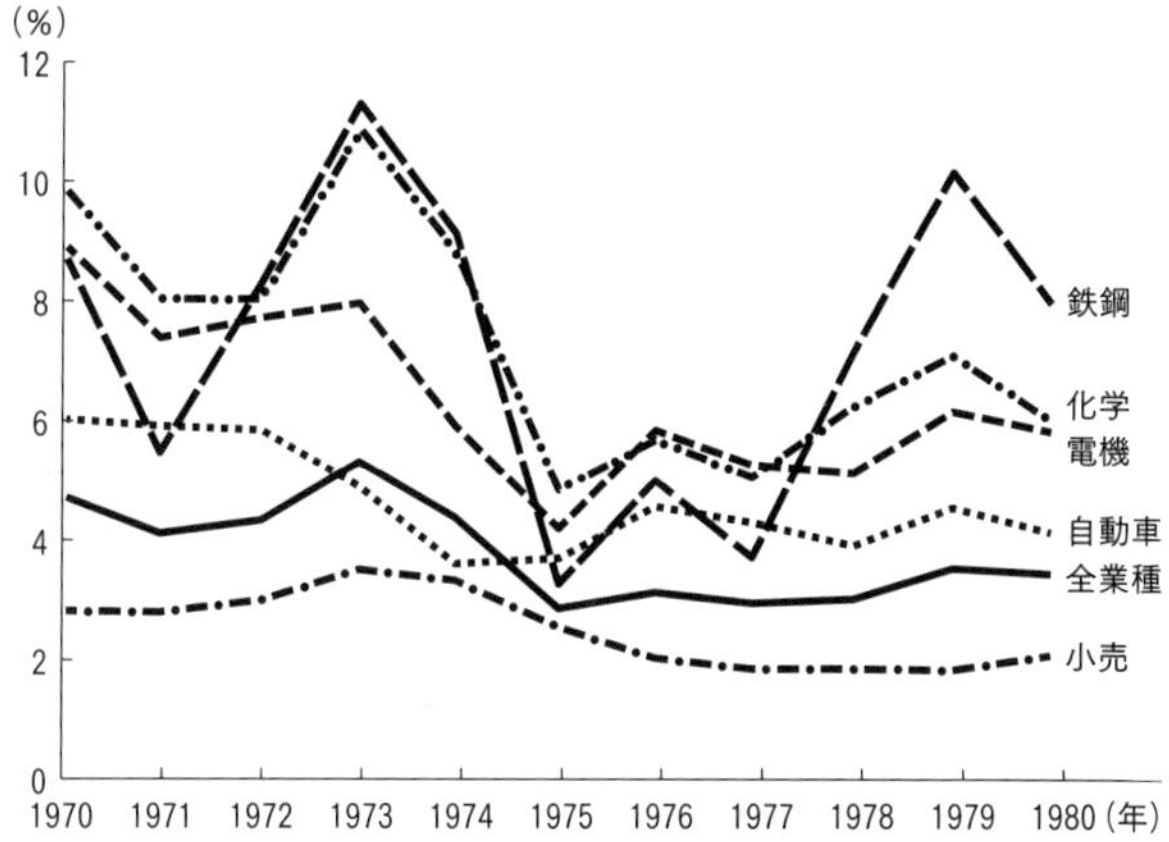

出所：法人企業統計をもとに筆者作成

第１次オイルショックでは、企業は原材料価格の上昇を価格に転嫁することができたため、賃金も引き上げることができました。物価はさらに上昇しましたが、賃金や企業の利益が増えたので、全体としては何とかバランスが取れた格好です。

ところが、第２次オイルショックでは、企業は仕入価格の上昇を価格にうまく転嫁できず、企業業績や賃金も横ばいとなりました。１９７３年ほどではありませんが、物価は上がっていましたから、その分だけ消費者の購買力は低下しています。

先ほども説明したように、第２次オイルショックは短期間で終了し、日本企業の輸出は順調に拡大して大きなマイナスにはなりませんでした。しかし、これは非常にラッキーな出来事だったと言ってよいでしょう。もし第2次オイルショックが不景気と重なっていたら、国民生活に深厚な影響が及んだはずです。

第1次オイルショックにおいて、企業が業績を拡大することができたのは、価格転嫁しやすい業種が全体の業績を牽引《けんいん》したからです。顕著だったのは、鉄鋼、化学、海運といった業種です。図21を見ても、鉄鋼と化学は1973年に大幅に業績を拡大していることがわかります。

いっぽう、自動車や電機など、原材料が見えにくい製品を作っている企業の場合、簡単に値上げすることができませんでした。その結果として、あまり業績は良くなっていませんでした。顧客と直接対峙する小売店も同じで、安易に価格を上げると、販売数量に影響しますから、値上げには慎重にならざるを得ませんでした。こうした業種では賃金を上げるのは難しかったと思われます。

鉄鋼業界は1979年の第2次オイルショックでも価格を引き上げることに成功し、業績を拡大させましたが、化学は1973年と比較するとあまり業績が良くなっていません。第2次オイルショックでは、価格転嫁できた業種が減ったことで、全体として業績拡大が進まず、賃金も上がらなかったことが推察されます。

繰り返しになりますが、第1次オイルショック当時、比較的容易に価格転嫁ができたのは、日本経済にはまだ勢いがあったからです。その証拠に当時、政府が行ったインフレ対策は、今の時代から見ると驚くようなものでした。

日本政府のインフレ対策

インフレは、基本的に需要が供給を上回る状況で発生します。しかし、オイルショックによるインフレは、原油価格の高騰をきっかけに供給制限がかかったことや、マネーの供給過剰によって購買力が増えていることが原因ですから、順調に景気が拡大したことによる健全な物価上昇ではありません。

しかしながら、原因は何であれインフレはインフレですから、経済学的に見た場合、物価上昇への対処方法は1つしかありません。それは金利の引き上げなどを通じて経済活動を抑制し、価格を引き下げることです。

インフレがやっかいなのは、物価が上がって多くの人が困っているにもかかわらず、景気にブレーキをかける措置を実施しない限り、物価上昇を抑制できないことです。つまりインフレ時には、景気対策と物価対策を両立させることができないのです。

オイルショック当時、日本政府が採用した物価対策は、愚直なまでに経済の基本原則に沿った「総需要抑制策」でした（図22）。つまり意図的に不景気にして、物価上昇を抑えるという考え方です。

日銀は公定歩合を引き上げて金融引き締めを行い、政府は大型の公共事業を次々と凍結しました。各種の産業政策をとりまとめていた通商産業省（現在の経済産業省）は、企業に対し、石油や電力の消費を10％削減するよう求めると共に、ガソリンスタンドの休日閉鎖、ネオンの自粛、深夜放送の中止などを訴えました。同時並行で、ガソリンや灯油などの価格を抑制するため、石油元売り企業に対して、価格転嫁をやめるよう指導するなど、かなり厳しい措置も実施しています。

国民に対しては、マイカーの利用自粛、高速道路での低速運転、暖房の設定温度調整を求めるなど、経済活動の自粛を求めました。

図22 オイルショック当時と今回の物価対策の違い

	基本的な方向性	具体的施策
オイルショック当時	総需要の抑制	・金利の引き上げ ・公共事業など景気対策の凍結 ・エネルギー消費削減要請 ・ガソリンスタンドの休日閉鎖 ・深夜放送の自粛要請 ・灯油価格の上限設定　など
現在	企業や国民に対する経済的援助	・ガソリン価格の補助 ・小麦価格の補塡 ・中小企業に対する優遇措置 ・無利子・無担保融資の延長 ・困窮世帯に対する現金支給 ・学校給食の負担軽減

出所：各種資料をもとに筆者作成

いっぽう、今回の物価上昇に対して政府が実施した物価高騰対策は、これとは正反対の内容です。2022年4月に発表された物価高騰に対する「緊急対策」は、基本的に企業や国民に対して経済的支援をするというものでした。

政府はガソリン価格の高騰に対応するため、2022年1月から石油元売り会社に対し、1ℓあたり5円の範囲で補助を行ってきましたが、新しい対策では補助額の上限が35円に引き上げられると共に、さらに35円を超えて価格が高騰した場合には、超過分の半額を支援することになりました。

食糧についても、小麦の価格が上がりすぎないよう、政府が支援して価格を抑制します。前述のように、小麦は政府が買い付けて国内の製粉会社に売り渡す制度になっていますが、価格上昇を緩和する措置を実施します。物価上昇に苦しむ中小企業対策としては、政府調達や補助金に優遇措置を設けると共に、政府系金融機関による実質無利子・無担保の融資延長を決定しました。

ざっくり言えば、1970年代はムチの政策、現在はアメの政策ということになります。

今回のインフレは長引くか？

1970年代に厳しい措置を実施できたのは、日本経済に基礎体力があり、多少の景気抑制策を実施しても、景気は悪くならないという自信があったことが大きいでしょう。

いっぽう今の時代は、インフレが進んでいるからといって、経済学の教科書に沿った対策を実施してしまうと、日本社会がさらに困窮化する可能性があります。このため、企業や国民を支援する政策にならざるを得ないのです。

しかし、一連の施策は貧困対策にはなりますが、根本的にインフレを抑制する効果はありません。しかも金利上昇を回避する必要性から、日銀は金融の引き締めも実施することができずにいます。そうなってくると、今回のインフレはかなり長引くことが予想されます。

ちなみに、昭和時代の経済について、十把一絡《じっぱひとから》げで「高度成長」と呼ぶ人も多いのですが、厳密には高度成長は1955年からオイルショックまでの、成長率がきわめて高い時代を指します。

オイルショックによって日本経済は戦後初のマイナス成長を記録し、これを境に日本経済は長い低成長時代に入ります。さらに1991年のバブル崩壊をきっかけに、とうとうゼロ成長に転落してしまいました。

ところで、バブル経済の時代を経験した世代の人たちが、自分たちの若い頃を振り返って、「高度成長時代は○○だった」などと述べることがありますが、これは正しい表現ではありません。バブル世代は1960代生まれですから、実は典型的な低成長時代の人たちです。筆者も1969年生まれですから、この世代に入るかもしれませんが、子どもの頃は、当時の大人から「低成長時代の人たちは――」と揶揄されていました。おそらく多くの中高年は、昔のことを忘れてしまっており、漠然と昭和は高成長だったと感じているのでしょう。

言い換えれば、失われた30年があまりにも酷《ひど》い状況だったことから、低成長時代の人たちですら、高度成長に見えてしまっているという悲しい現実があるのです。

第5章

インフレとスタグフレーションの仕組み

価格決定の仕組み（消費者側）

本章では、なぜモノの値段（経済学的には価格）が上がるのか、つまりなぜインフレが発生するのか、その仕組みについて解説します。それによって、スタグフレーションの本質と怖さがおわかりいただけるでしょう。

価格が上がる仕組みを理解するには、まず価格がどのような仕組みで成り立っているかを知る必要があります。価格はきわめて身近なものであり、ほとんどの人が「高い」「安い」という認識を持っていると思います。しかし、その商品やサービスの価格がなぜ、その金額になっているのかについて説明することは容易ではありません。

実は、価格は経済学のなかでも、もっとも重要なテーマの1つとして位置付けられており、ミクロ経済学の根幹部分を形成しています。いっぽうでよくわかっていないことも多く、価格がわかれば経済について半分以上理解した、と言えるほど、難解なテーマでもあります。ミクロ経済学の専門書を読むと、頭が痛くなるくらい数式が出てきますが、本章では、可能な限りわかりやすく、数式を使わずに価格について説明します。

経済学のどの教科書を見ても、「価格は需要と供給のバランスで成立する」と書いてあります。これは経済学の基本となる考え方と言ってよいでしょう。では、商品（モノやサービス）の需要と供給はどのように決まるのでしょうか。

まずは、需要側から見てみます。

経済学の世界では、消費者や企業といった経済主体は「合理的に行動すること」が大前提となっています。最新の経済学では、人や企業は時に非合理的に行動することを前提にした理論も登場していますが、経済学の基本にあるのはやはり合理性です。ここで言う「合理性」とは、消費者は商品の購入を通じて得られる満足感を最大化するよう行動しているという意味です。

私たちは食品を購入すれば、空腹を満たすことができます。テーマパークに行けば、楽しい体験を通じて精神的な満足感を得ることができます。同じ金額を食品に投じるのであれば、より美味《おい》しいものを買ったほうが得ですし、食いしん坊なら、内容量が多い商品を選んで購入することでしょう。

このように、お金を投じて得られる満足感のことを、経済学の世界では「効用」と呼びます。そして経済学において、消費者や企業は効用を最大化するように行動すると考えます。つまり、同じお金を払うなら、より美味しいものをたくさん食べる、つまり食事を通じて得られる効用（味や満腹感など）を最大化するように商品を選択しているとの解釈になります。

いっぽう、価格が同じなのに内容量が減ったり、味が落ちたりすると、私たちはその商品に対して不満を持ち、「もうその商品は買わない」と考えたりします。結果として、商品を選別するという行動を無意識的に行っています。つまり、私たちは明確に意識することなく、お金を払うことで得られる効用を最大化するように合理的に行動しているのです。

もし商品の価格が安ければ、消費者は同じ金額でより多くの商品を購入して、たくさんの効用を得ようとします。すなわち、消費者は同じ効用を得られる商品であれば、価格が安いほどたくさん購入する傾向があるわけです。

この話を、数量を横軸、価格を縦軸にしたグラフにすると、価格が安いほど数量が増えますから、右下がりの形になります。この曲線のことを経済学では「需要曲線」と呼びます（図23・左）。

図23 需要曲線と供給曲線

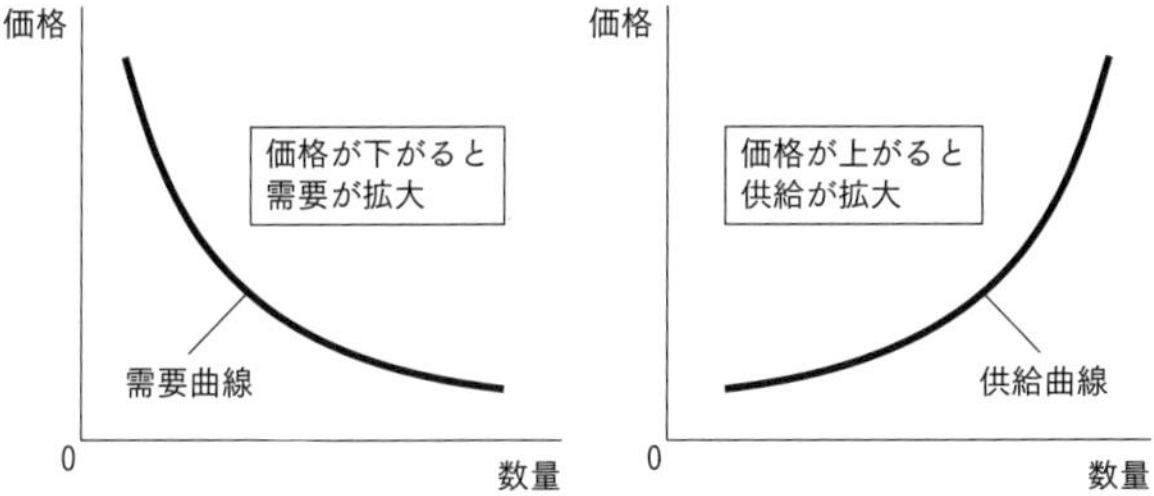

※需要曲線は右下がり、供給曲線は右上がりになる

出所：筆者作成

つまり経済学において、需要は価格が安くなるほど高まり、価格が高くなるほど減少すると考えます。価格が限りなく安くなれば、いくらでも購入できますから、数量は極限まで増えていきます。したがって需要曲線の形は直線ではなく、曲線になることがほとんどです。

もっとも現実社会では、いくら価格が安くなったからといって、人は無制限に商品を購入するわけではありません。そのもっともわかりやすい例が食品です。人は食べれば食べるほど、空腹は解消されていきますから、一定量以上の食品を購入することはありえません。しかしながら、市場全体についてシンプルに考えた場合、価格が安くなればなるほど需要は高まると考えて差し支えありません。

価格決定の仕組み（企業側）

では、供給側はどのように決まるのでしょうか。

需要は主に消費者が担いますが、供給の主役は企業です。当たり前のことですが、企業は営利目的で活動していますから、常に利益を上げたいと考えています。消費者はお金を投じて得られる効用を最大化するよう行動しているのに対して、企業は利益を最大化するよう行動することになります。

コストなどを無視すれば、企業が得られる利益は、販売数量に価格を乗じた数字となります。つまり価格をより高く、そして数量をより多く販売できれば、企業は利益を最大化できるという仕組みです。

ところが、生産量を拡大していくと、全体の効率が悪くなり、コストが余計にかかるようになります。たとえば、機械を1日に10台製造する場合、完成した製品を適当に置いても、出荷作業に苦労することはないでしょう。しかし、1日100台を生産するということになると、製品を移動して保管するだけでもかなりのムダが発生し、全体の効率が悪くなります。状況を改善するには、より広い場所を確保してフォークリフトを導入したり、在庫の管理を行う社員を新たに配置するなど追加コストが必要となります。

大量生産すると、取引先との交渉で値引きしてもらえたり、生産設備をフルに使うことで逆にコストが削減できるケースもありますが、こうした効果をいったん無視すれば、生産量を増やすと効率が悪くなり、コストが高くなるのが基本原則です。

この話を先ほどの需要曲線と同じルールでグラフ化すると、数量が増えるほど価格が上がることになり、需要曲線とは逆に右上がりになります（141ページの図23・右）。これを経済学の世界では供給曲線と呼びます。

もっとも、企業は商品を提供するにあたって、さまざまな形でコストをかけていますから、商品をいくらで何個を売れば儲かるのかという、いわゆる損益分岐点は企業ごとにさまざまです。また、現実問題として、コストがかかっているからといって、企業は無制限に価格を引き上げることはできません。先ほど説明したように、消費者は価格によって購買行動を変化させるため、価格を高く設定すると、販売数量が減ってしまいます。しかしながら、企業側の理屈に立って利益というものを考えた場合、よりたくさん売るためには、価格を高くしたほうがよいとの理屈が成立します。

需要を担う消費者は、安ければたくさん買う、高ければあまり買わないという行動を取り、供給を行う企業は、同じ商品なら、より高く、よりたくさん売ろうと試みるという話ですから、最終的には両者の思惑がバランスするところで価格が決まります。つまり、需要曲線と供給曲線が交わったところが、最終的な価格の落ち着き所です（図24）。

このように、消費者は消費者で、企業は企業で最適な価格を探りますが、最終的に需要と供給のバランスが取れたところで価格が決定される――。これが、経済学における基本的な考え方です。しかしながら、これは極端に単純化したものであり、現実の価格の決まり方はもっと複雑です。

消費者はお金を投じれば投じるほど、得られる効用が増えていきますが、その増え方は、金額が大きくなるほど緩《ゆる》やかになっていき、やがて効用はあまり増えなくなります。ビールの場合、1杯目は生き返るような快感ですが、2杯目になるとそうでもなくなり、3杯目ではお腹も一杯になってくるので、1杯目のような快感は得られません。

したがって、消費者は商品に対して無制限にお金を投じるのではなく、どこかで最適なバランスになるよう、支出をコントロールしています。

図24 価格の決まり方

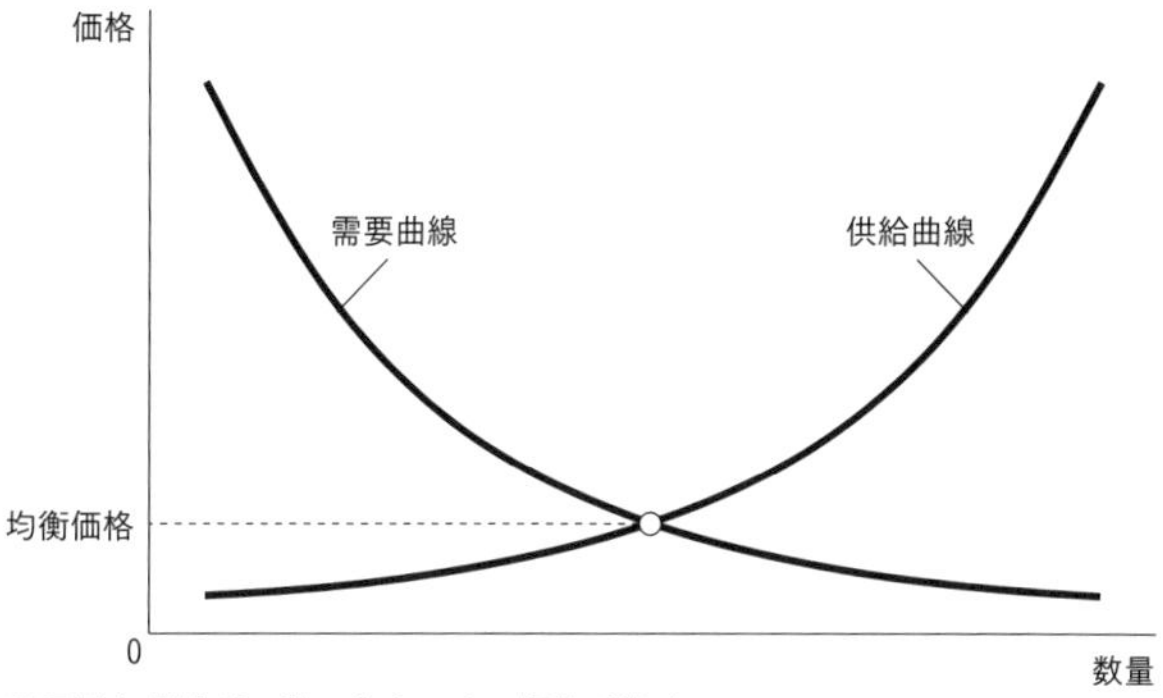

※需要と供給が一致したところで価格が決まる

出所:筆者作成

ここではビールという食品を取り上げましたが、人は食べ物だけにお金を投じているわけではありません。衣服、住居、趣味、学習などさまざまなモノやサービスを購入し、それぞれで効用を得ていることになります。

一部の億万長者を除けば、ほとんどの人は使えるお金に限界がありますから、たいていの場合、自身の給料を基準にした、おおよその予算の範囲内で支出を決めているはずです。経済学の世界では、人は与えられた予算のなかで、自身が得られる効用が最大になるよう、多くのモノやサービスへの支出を調整していると考えます。

たとえば、テーマパークにもう一度行きたいと思っても、月末までに大事な資格試験のテキストを買わなければならない状況であれば、そちらを優先するかもしれません。飲み会に行きたいと思っても、今月の家賃の支払いが迫っている状況では、我慢するという選択をするでしょう。

前者のケースでは、テーマパークに行く効用よりも、資格試験の勉強によって得られる効用のほうが大きいため、テーマパークへの支出を抑制したとの解釈になります。こうした行動を経済学的に見れば、一定の予算制約のなかで、全体の効用を最大化するために支出を調整していることにほかなりません。

この話は、支出できる金額が一定、つまり給料の範囲内でお金を使うことを前提にしていますが、人が稼ぐ金額は状況によって変化します。そして、稼げる金額が変わってくるとお金の使い方も変わってくることになります。

所得と消費の関係

もっともわかりやすいのは、ボーナスが入ると気が大きくなって、ついつい大きな買物をしてしまうケースです。また、昇給するたびに金遣いが荒くなり、年収が上がっても、自転車操業になっている人もいます。つまり、人は稼ぎの額が変わると、お金の使い方も変わってくるのです。経済学の世界では、稼ぎのことを「所得」と呼びますが、所得と消費の関係についても理論化されています。

基本的に人は所得が大きくなるほど、消費（つまり需要）も増えていきますが、すべてのモノやサービスの消費量が所得と同じペースで増えていくわけではありません。

その典型が食品です。いくらお金があっても、人が食べる量には限界がありますから、所得が大幅に増えても、食費はそれほど増加しません。逆に食事は生命を維持するために必要な支出でもありますから、年収が減ったからといって、食費をゼロにすることもありえません。このように、生活に欠かすことができないモノやサービス、すなわち生活必需品への需要は、所得水準に関係なく決まります。

いっぽう、趣味への支出やいわゆる贅沢品《ぜいたくひん》などは、所得から大きな影響を受けます。なかには、給料が上がっても贅沢品はいっさい買わないという人もいるかもしれませんが、たいていの人は、給料が上がるとちょっと贅沢なモノを買おうとするものです。全体を平均すると、所得が上がるにつれて嗜好品《しこうひん》や贅沢品への支出は確実に増えていきますから、こうしたモノやサービスに対する需要は所得に依存することになります。

先ほど食品は生活必需品であると説明しましたが、食品にもさまざまな種類がありま す。1本何万円もする超高級ワインになると、それはもう生活必需品ではなく、完全に贅沢品・嗜好品の部類です。同じ自動車でも、軽のミニバンは生活に直結した商品ですが、フェラーリなどの高級スポーツカーはやはり贅沢品です。このように、生活必需品と嗜好品の区別は商品やサービスの種類で分けることもできますが、いっぽうで、同じ商品でも生活必需品と嗜好品に分かれてしまうこともしばしばです。

人々の消費行動を変化させるのは、それだけではありません。商品の価格や自身の所得に加え、似たような商品が存在するかによっても、消費者の行動は変わります。

先ほども説明したように、ほとんどの人には給料という予算制約がありますから、無制限にモノやサービスを購入できるわけではありません。したがって、ある金額であれば、十分な効用を得られた商品でも、価格が上がってしまうと、その魅力が低下し、需要が大幅に減少する現象が観察されます。その際、商品の購入がおトクか否かを判断する基準として、しばしばコストパフォーマンス（いわゆるコスパ）という言葉が用いられます。一部の商品は価格がちょっと上がっただけでも魅力がなくなり、コスパが劇的に下がってしまいます。

では、価格が上下することで効用が変化する商品があった場合、消費者はどう対応するでしょうか。

世の中には多くの商品がありますから、ある商品の魅力が低下しても、その代わりになる商品が出てくるはずです。そして消費者の多くは、商品価格が上がった場合、より安い価格で同じ効用を得られる別の商品を探すという行動を取ります。

ビールの価格が上がっても、お酒を飲みたい人は、より価格が安い発泡酒を購入する可能性が高いでしょう。コーヒーを飲む人で、紅茶が嫌いでなければ、コーヒー豆の価格が上がった場合は、コーヒーの消費を減らし、紅茶の消費を増やすかもしれません。

このように、ある商品の価格が上がった時に代わりに購入される商品のことを「代替品」と呼びます。したがって、商品の価格が変化すると、価格が変わった商品の需要が変化することはもちろん、代替品が買われることで、それ以外の商品の需要にも変化が生じるのです。

このケースとは逆に、ある商品の価格が上がると、需要が減って売れなくなる商品もあります。たとえば自動車の価格が上昇すると自動車の売れ行きが悪くなり、結果としてガソリンの需要も減ることになります。同じくパンの価格が上がると、パンの消費量が減りますから、ジャムの需要も減少することがありえます。

ある商品の価格が上がると、その商品の需要が減って、他の商品の需要が増えるケースと、逆に他の商品の需要も減るケースが混在することになり、最終的には多くの商品の関係性のなかで価格が決まります。もっとも、この話は、需要全体はそれほど変わらないということを前提にしていますが、必ずしもそうとは限りません。何らかの事情で需要そのものが、急激に大きくなることもあります。

需要曲線と供給曲線の同時シフト

需要全体が増大する典型的なケースは、ある商品の購入希望者が急激に増えることです。たとえば、発売当初は一部の人しか知らなかった商品がブームとなり、多くの人が購入を希望するようになると、その商品の需要全体が爆発的に伸びます。

図25 需要曲線と供給曲線のシフト

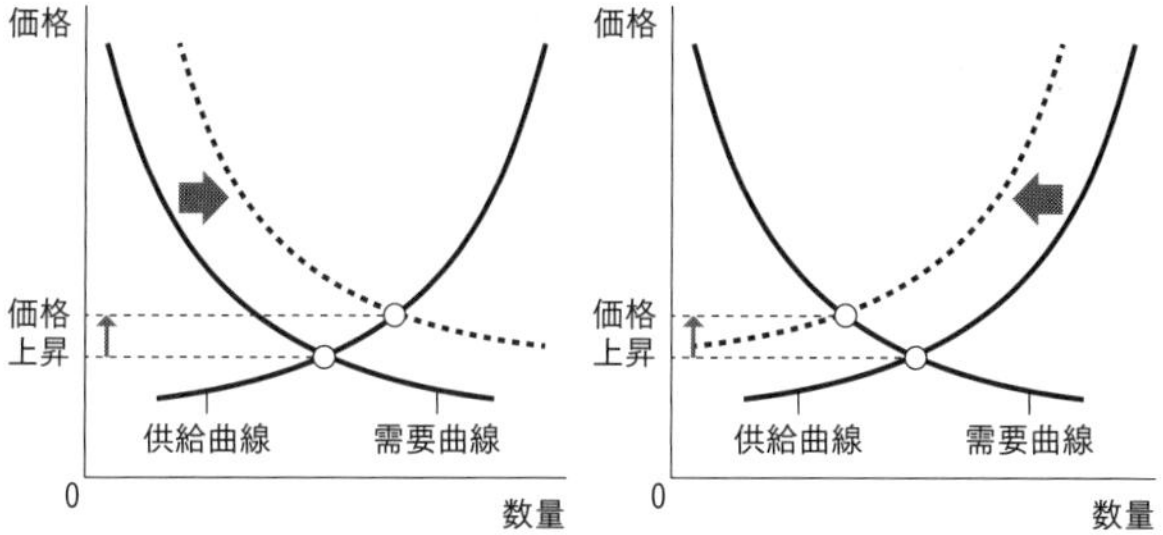

※人口増加、経済成長などで需要が増大(左)
産出量の減少、生産環境の悪化などで供給が減少(右)

出所:筆者作成

需要が著しく増大すると、より多くの数量が必要となりますから、需要曲線は右側にシフトします(図25・左)。ここで供給側の体制に変化がない場合、需要曲線と供給曲線が交わる地点も右側にシフトし、その分だけ価格が上昇する結果となります。

社会全体の環境変化も商品の需要を左右します。貧しい社会では、需要の多くは生活必需品ですが、社会が豊かになると、生活必需品だけでなく嗜好品への需要も伸びてきます。特に、コンテンツのような形のない商品の場合、輸送や保管といった物理的な制約がありませんから、消費者は欲しいだけ購入しようと考える傾向が強く、全体の需要は増加していきます。ですから、情報が高く売れる国は、基本的に豊かであると考えて差し支えありません。

食品のように、一定以上は消費しない商品であっても、社会が豊かになるとやはり需要は拡大していきます。第1章で解説したように、社会が豊かになると、肉食が増えるのは全世界的な傾向です。肉を生産するには、大量の穀類を必要としますから、肉食中心の社会と穀類中心の社会では、同じ人口でも、食糧に対する需要は圧倒的に豊かな社会のほうが大きくなります。

需要側と同様、供給側もさまざまな事情で変化が生じます。

企業は常に研究開発を行い、効率良く製品を提供できるよう工夫を重ねています。こうした取り組みのことを一般的に「技術革新（イノベーション）」と呼びますが、時に企業というのはびっくりするような技術革新を行うことがあります。

ソフトウェア技術などはその典型ですが、ソフトウェアが登場する前の時代は、家電やAV機器の機能を変更するには、まったく新しい回路をゼロから作り直す必要がありました。ところがソフトウェアを活用すれば、プログラムをちょっと変更するだけで新しい機能を追加することができます。そうなると、企業のコストは大幅に減少しますから、従来とは比較にならない量の製品を供給できるようになるのです。

時代を遡《さかのぼ》れば、工場の大量生産にも同じことが言えます。自動車ができたばかりの頃は、1台1台手作りで自動車を作っていました。ところが米フォードがベルトコンベアを使った大量生産の方法を編み出したことから、生産台数が飛躍的に増加しました。

こうした革新的な技術が登場すると、先ほどの供給曲線は右側にシフトすることになります。この時、需要が変わらなければ、両者の均衡点である価格は安くなり、最終的に消費される商品の数も多くなります。

当然ですが、この逆もありえます。何らかの事情で企業の生産力が大きく低下した場合には、供給曲線は逆に左側にシフトします（151ページの図25・右）。需要に変化がなかった場合、価格は大幅に上昇することになります。つまり企業の供給が減少すると、価格が上がるというメカニズムです。

もっともわかりやすいのは、天候不順で農作物が不作になった状態でしょう。農家は作りたくても農作物を作れませんから、供給曲線は左側にシフトし、需要曲線との均衡点となる価格は高くなります。生産量が減れば価格が上がるというのは、直感的にも理解しやすいのではないでしょうか。

消費者にとってもっとも困ったパターンは、需要が拡大すると同時に、供給も減ってしまうことです。需要が増えて需要曲線が右側にシフトし、供給が減って供給曲線が左側にシフトすると、両方の影響が同時に及んできますから、激しい価格上昇となります。

ディマンドプル・インフレ

ここまで説明した理屈は、主にミクロ経済学における価格と数量の関係です。いっぽう、経済圏全体の動きについて、主に所得面から分析するのがマクロ経済です。マクロ経済の分野にも、似たような需要曲線と供給曲線があり、これを用いて、価格と経済全体の動きを知ることができます。

マクロ経済で用いる総需要曲線と総供給曲線は、縦軸に価格、横軸に国民所得（実質GDP）を取るグラフになります（図26）。

これは、ミクロ経済の需要曲線と供給曲線とは異なる方法で導き出されたものですが、実質GDPは生産数量と言い換えることができますから、両者にそれほど大きな違いはないと考えて差し支えありません（両者の違いを本格的に理解したい方は、ミクロ経済学とマク

図26 ディマンドプル・インフレとコストプッシュ・インフレ

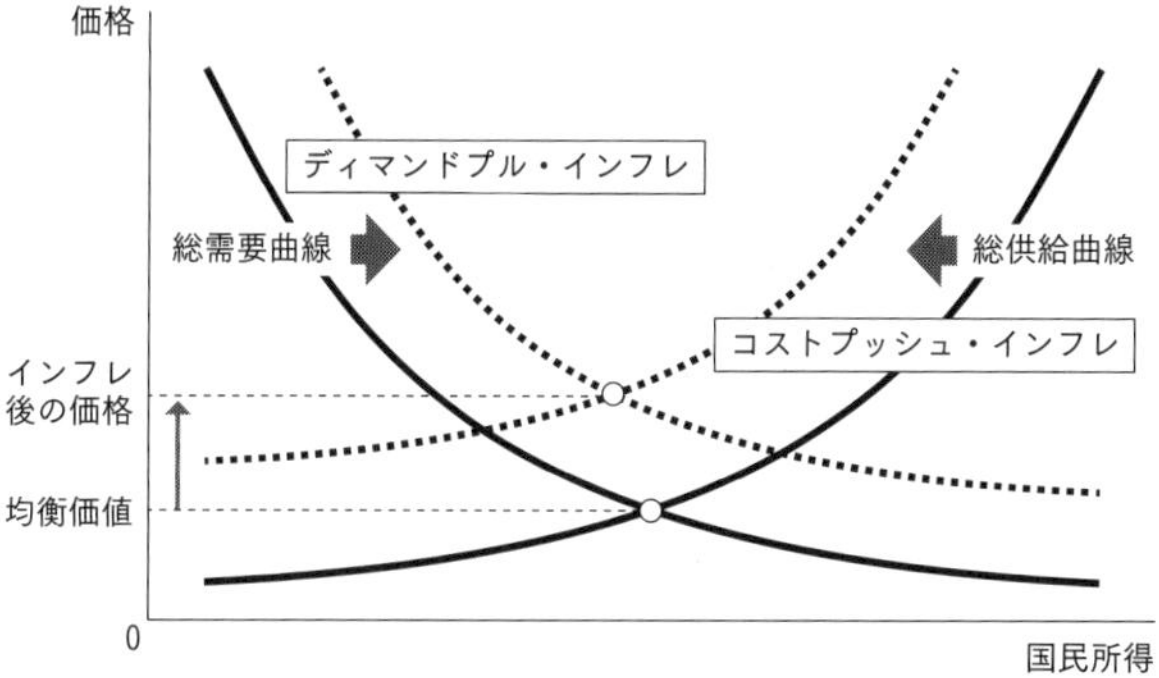

※需要増大と供給制限が同時に発生すると、激しく物価が上昇する

出所:筆者作成

ロ経済学のしっかりした教科書を参照してください）。

ミクロ経済における需要曲線と供給曲線と同様、何らかの理由で経済圏全体の総需要が増加すると、総需要曲線は右側にシフトし、総供給曲線との交点も右に動いて、価格が上昇します。これとは逆に経済全体の需要が減った場合には、グラフの交点が左にずれ、その分だけ価格は下落することになります。

図26は経済全体の動きを示したものですが、需要（ディマンド）が増大する（総需要曲線が右にシフトする。図26内の左側）ことで価格が上がり、インフレを誘発しています。こうしたインフレを「ディマンドプル・インフレ」と呼びます。

では、経済圏全体で需要が増えるのはどのような時でしょうか。

もっともわかりやすいのは、人口の増加と経済成長です。当たり前のことですが、人口が増えれば、その分だけ消費される商品の量は増えていきますから、全体の需要は増大します。

今回発生しているインフレの原因の1つは、実は人口増加です。日本は極度に高齢化が進み、今後は人口が減っていきますが、米国はその逆で出生率も高く、人口の増加が見込めます。新興国の多くはもっと出生率が高く、地球全体の人口は当面、増加が予想されています。人口が増えて需要が増えると、より多くの商品が必要となりますから、先ほど説明した通り、需要曲線は右側にシフトすることになります。

人口の増加に加えて、今回のインフレは経済成長も大きく関係しています。中国や東南アジアが典型ですが、新興国は経済成長を加速させており、それにともなって消費が急拡大しています。今後はさらに多くの国が豊かになると予想されますから、全世界の需要は増大するとの見方が大半です。結果として需要曲線が右側にシフトし、価格が上昇していく流れが顕著となっているのです。

コストプッシュ・インフレ

これとは反対に、供給側の変化で価格が上昇することもあります。

何らかの理由で企業の生産量が低下した場合、経済全体の供給量が減少することになります。その結果、総供給曲線は左側にシフトし、総需要曲線との交点も左に移動することで、全体の物価が上昇します（155ページの図26内の右側）。

供給量の低下は、戦争や自然災害で生産量が低下するような時に発生します。現在、ロシアとウクライナで起こっているのは、まさにこのケースです。

ロシアは世界でも有数の産油国であり、小麦の主要輸出国でもあります。ウクライナもロシアと同様、大量の小麦を輸出しています。2022年2月、ロシアによる一方的な侵攻によって両国は戦争状態となり、ロシアに対しては経済制裁が科され、いっぽうのウクライナは国土が荒廃してしまいました。原油や小麦の輸出が著しく減っているわけですから、全世界的に供給制限がかかった状態と考えてよいでしょう。

戦争や災害が発生すると、実際に供給が滞《とどこお》る前から、一部製品の生産が減少するケースも珍しくありません。その理由は、戦争や災害に関する情報が流れると、特定産品の価格が急上昇し、それが全体の価格上昇を促《うなが》すからです。

今回のケースにあてはめれば、ロシアやウクライナからの輸出が実際に停止していなくても、その恐れが高まっただけで、多くの企業は前倒しで商品を確保しようと試みます。その結果、多くの商品で品不足が発生し、価格が上がってしまうのです。企業にすれば原材料価格の高騰という問題に直面することになります。

コストが上がっても、商品の種類によってはコストを吸収することができますが、そうでない商品の場合、コスト上昇によって採算が合わなくなり、生産量を減らさざるを得ないケースも出てきます。そうなると、企業の販売数量が減少しますから、供給曲線が左側にシフトし、経済圏全体の価格が上昇する結果となります。

コストの上昇が経済全体の供給を抑制し、これがインフレを引き起こしていますから、こうしたインフレのことを「コストプッシュ・インフレ」と呼びます。

もし需要の増大とコストの上昇が同時に発生した場合は、総需要曲線は右側にシフトし、総供給曲線は左側にシフトしますから、全体の価格上昇はより激しくなります。実は、今回発生しているインフレは、ディマンドプル・インフレとコストプッシュ・インフレの両方の要因が絡んでいます。

近年、各国の経済成長や人口増加が顕著となっており、世界全体の需要は大幅に増大しています。しかし、工業製品とは異なり、原油や食糧といった1次産品は簡単に生産量を増やすことができません。これは需要曲線が右にシフトするという作用をもたらしますから、物価に上昇圧力が加わります。

実は、このリスクは数年前から何度も指摘されていたのですが、コロナ危機が発生して景気が低迷したことから、一時的に問題が見えにくくなっていました。ところが、ワクチン接種が進み、コロナ危機後の景気回復期待が明確になるにつれて、あらゆる業界で注文が増え、明確にインフレが意識されるようになってきたというのが実状です。

そして、この動きに拍車をかけているのが、先ほどから説明しているロシアによるウクライナ侵攻です。ウクライナ侵攻によって、原油価格の高騰や食糧不足が決定的な状況となり、世界経済には大きな供給制限がかかっています。全世界的な需要増大が進んでいたところに、供給制限が加わり、総需要曲線と総供給曲線のシフトが同時に発生していますから、価格上昇は単独のケースとは比較になりません。

今回のインフレに関して、原油価格の上昇によるコストプッシュ・インフレであって、ディマンドプル・インフレではないとの主張がありますが、それは経済の現状を片方からしか見ていない議論です。そもそも、1次産品の価格が上昇しただけで、経済全体の物価が大幅に上昇することは通常、考えにくく、たいていの場合、コスト要因と需要要因の両方が関係することで激しいインフレが発生するのです。

量的緩和策のデメリット

今回のインフレについて、一部の専門家は、物価のコントロールが難しくなる水準まで進むのではないかと危惧しています。筆者は現時点では少々懐疑的ですが、厳しい見解が出ているのには理由があります。それは、ディマンドプル型とコストプッシュ型が同時発生していることに加え、第1章でも解説したように、量的緩和策によるマネーの大量供給という貨幣的要因が絡んでいるからです。

これまで説明してきた価格の仕組みは、実体経済における需要と供給の関係で成り立っています。つまり、価格を決定するのは現実の経済活動であって、貨幣の存在は無関係であるとの考え方です。このような考え方を、経済学では「貨幣の中立性」と呼びます。

貨幣が中立的である場合、貨幣は商品の交換を媒介するだけの存在であり、物価に影響を与えることはありません。したがって、世の中に出回るお金の量が2倍になれば、単純に全体の物価が2倍になるだけで、実質的な経済に変化は生じないことになります。

もし、この理屈が普遍的に適用できるのであれば、貨幣の量が増えて全体の物価が上がっても（つまりインフレになっても）、お店の値札が変わるだけであり、私たちの生活に大きな変化は生じません。確かに、経済の動きを長期的に観察すると、貨幣の量が経済全体を変えることはなく、貨幣は実体経済に対して中立的であることがほぼ検証されています。

ところが、短期的に見ると、必ずしもそうとは言えない部分があります。人は社会に出回る貨幣の量が変化すると、大きな影響を受け、経済的な行動を変えてしまう可能性があるのです。また貨幣の量が変わると金利も動き、金利の変化は人々の行動を大きく変容させます。場合によっては、貨幣の量を増減させることでインフレやデフレを加速させてしまうことも十分にありえるのです。

こうしたメカニズムは現実の政策にも応用されています。市場に供給される貨幣を調整することで物価を動かす政策と言えば、やはり量的緩和策ということになるでしょう。量的緩和策は、中央銀行が積極的に国債を購入することでマネーを大量供給し、市場にインフレ期待（物価が上昇すると皆が考えること）を生じさせる政策です。

期待インフレ率が高くなると、理論上、実質金利（名目金利から期待インフレ率を引いたもの）が低下するため、企業はお金を借りやすくなります。銀行の融資が拡大して、企業が設備投資を増やせば、経済全体で需要が増え、景気が良くなるという仕組みです。

量的緩和策が実施された当時の世界経済は、リーマン・ショックによってデフレに突入する可能性が高くなっており、名目上の金利についてもこれ以上、引き下げることが難しい状況でした。このため、逆に物価を上げて、実質的に金利を下げようというのが量的緩和策の狙いということになります。

先ほど説明した貨幣中立の理屈で考えれば、中央銀行がマネーを大量供給しても実質的な物価は変わらないはずです。しかし一部の消費者は、マネーが大量供給されることで購買力が増加したと考え、消費や投資を増やす可能性があります。

また物価が上昇すると、現金の価値は実質的に減額されますから、この理屈を知っている人はインフレ期待が発生すると現金を手放し、不動産などモノに換えようと試みます。そうなると需要が拡大し、景気にプラスの効果をもたらします。

残念ながら、日本では量的緩和策を行っても、経済を回復させることはできませんでした。しかし、これは日本独特の構造的問題に起因するものであり、量的緩和策に物価上昇効果がないということではありません（詳しくは別の機会に譲りますが、日本で量的緩和策が十分な効果を発揮しない可能性があることは、アベノミクス実施前から何度も指摘されていました）。実際、諸外国では、量的緩和策によって確実に物価は上昇しており、遅ればせながら日本でも徐々に物価が上がり始めています。

量的緩和策は、適切なインフレが維持できるよう貨幣の供給量をうまくコントロールする方法ですが、その効果が行き過ぎて、予想以上にインフレが進んだ場合、制御が難しくなるというリスクがあります。

仮に経済成長のペースを大幅に上回る形で貨幣の供給を続けた場合、どこかのタイミングで多くの消費者がその現実に気付き、一気に貨幣を手放してモノに換えるでしょう。こうなると、インフレが過度に進むことになり、場合によっては、物価の上昇を止められなくなります。

スタグフレーションが怖い理由

ここまでの説明で、今回のインフレはディマンドプル・インフレとコストプッシュ・インフレが混在したものであり、貨幣供給量の増大がそれに拍車をかけている状況であることがおわかりいただけたと思います。

今後、ロシアのウクライナ侵攻の影響がより深刻化し、経済の供給制限が強くなった場合、世界経済は景気の悪化とインフレが同時進行するスタグフレーションに陥る可能性も考えられます。

スタグフレーションを、先ほどの総需要曲線と総供給曲線にあてはめるとどうなるでしょうか。それは、経済全体で供給量がさらに低下し、総供給曲線の左シフトが顕著になった状態です（図27）。総供給曲線が著しく左に移動することで、物価の急上昇とＧＤＰの

図27 スタグフレーション

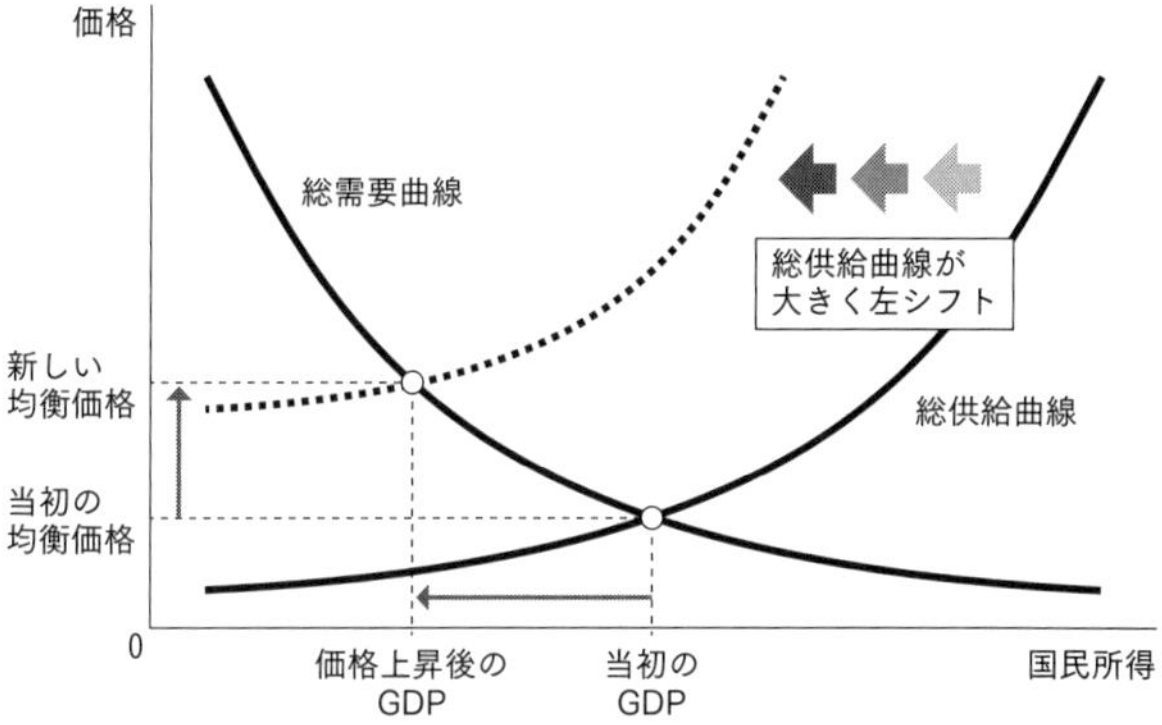

※需要を拡大すると、さらなる価格上昇を招いてしまう

出所：筆者作成

減少が同時に発生することになります。

スタグフレーションがやっかいなのは、一般的な景気対策の実施が難しくなることです。

通常、悪くなった景気を回復させるためには、財政出動などを行います。財政出動は、総需要曲線を右側に動かす政策ですから、当然のことながら、物価上昇がともないます。ところが、総供給曲線が激しく左にシフトしている状態で、総需要曲線を右側に動かせば、物価上昇に拍車がかかります。つまり、景気を回復させようとするとインフレが止まらなくなり、逆にインフレを抑制しようとすると今度は景気が悪化してしまうのです。

極論すれば、スタグフレーションに陥った場合、インフレを放置して景気対策を優先するか、インフレ抑制を優先して景気を犠牲にするのかの二者択一を迫られます。

景気対策を優先してインフレを放置した場合、景気は何とか維持できますが、いっぽうで銀行預金など資産を現金で保有している人は、資産が大幅に目減りするでしょう。つまり預金という国民の資産を事実上、奪い取ることで辻褄《つじつま》を合わせる必要に迫られるのです。

逆にインフレ抑制を優先すれば、国民の資産が消滅するような事態は避けられますが、不景気によって失業する人や経済的に困窮する人が増加します。どちらを選択しても、経済にとっては大打撃です。

スタグフレーションを脱却する唯一の方法

では、スタグフレーションに陥ると、何も打つ手がないのかというと、そうではありません。1つだけ残されています。

それは、何らかの形で総供給曲線を元の位置に戻す方法です。

今回のように原油価格や食糧価格の高騰が原因である場合、日本国内の都合でこうしたコストを変えることはできません。しかし企業の体質を転換し、コストが高い状態でも以前と同じ生産を実現できるようにすれば、全体の供給力を回復できます。つまり企業の生産性を一気に高めることができれば、従来と同レベルの生産を実現でき、総供給曲線も右に動いていきます。これによって、価格の下落とＧＤＰの増大を同時に達成することが可能となるのです。

１９７０年代に深刻なスタグフレーションに陥った米国は、インフレ抑制を優先し、政策金利を20％に引き上げるという荒療治を行ってインフレを何とか沈静化させました。その後、規制緩和や競争環境の構築といった、いわゆる構造改革を実施して企業のイノベーションを活性化させ、高いコストでも従来以上の生産を実現できる体制を構築。再び経済を成長軌道に乗せることに成功しました。この一連の政策こそ、ロナルド・レーガン政権によるレーガノミクスです。

しかし、これらの施策を実施することは並大抵《なみたいてい》ではありません。実際、金利引き上げによって米国経済はマイナス成長となり、企業は大打撃を受けました。その影響が残るなかで苛烈な構造改革を実施しましたから、失業率は急上昇し、多くの人が転職を余儀なくされました。米国におけるその後の高成長は、こうした犠牲の上に成り立っているのです。

この痛みをともなう政策は、国民から絶大な支持を得ていたレーガン大統領だからこそ実現できたという側面が否定できません。しかし、このようなカリスマ的リーダーはそうはいないのが現実です。苛烈な政策によらず、政府による補助金などで構造改革を推進する方法もありますが、その場合には、十分な財政基盤と時間が必要であり、長期間の取り組みが不可避です。

いずれにせよ、ひとたびスタグフレーションに陥った場合、そこからの脱却はきわめて困難であり、何としても、そうした状態に陥らないようにすることが、政策の最優先課題と言えます。次章では、スタグフレーション下での生活防衛を解説します。

第6章

スタグフレーション時代の生活防衛術

インフレで困る人、困らない人

これまで説明してきたように、インフレ、そしてスタグフレーションは多くの人にとってやっかいな事態です。しかしながら、どの経済現象もそうですが、特に影響を受ける人と、そうでない人に分かれますし、場合によってはピンチをチャンスに変えて、多額の利益も得る人もいます。

今後、インフレが深刻化するのであれば、その影響を最小限にとどめるための工夫をしておいたほうがよいでしょう。本章では、どうすればインフレ時代およびスタグフレーション時代に生活防衛ができるかについて考えます。

これまで何度も説明してきたように、インフレとは継続的に物価が上昇することを指します。物価が継続的に上がっていく時に、何が起こるのかがわかっていれば、ある程度までなら事前に対処することが可能です。

多くの人がもっとも気にするのは、やはり賃金でしょう。

国民の多くは給与所得を得ているサラリーパーソンですから、仮に物価が上がっても、企業がそれに合わせて賃金を上げてくれれば、生活水準は何とか維持されるはずです。しかし、現実はそうならないことがほとんどです。

理屈上はインフレが進むと、すべての物価が上昇しますから、企業が仕入価格の上昇分を販売価格に転嫁できれば、売上高も増えて業績が拡大します。業績が拡大すれば、その分だけ賃金を上げることができますが、企業が賃上げを決断するのはたいてい、業績拡大が確実になってからです。つまり、先に物価が上がり、その後、時間を経て賃金が上がるという流れですから、生活が苦しくなったと感じる人が多くなるでしょう。

このケースでは賃上げが実現しているのでまだマシですが、企業が仕入価格の上昇分を製品価格に転嫁できない場合、物価だけが上がって賃金が上がらないという状況に陥ります。日本の場合、近年、薄利多売のビジネスが常態化し、コスト削減だけで利益を出している企業も少なくありません。こうした収益構造の場合、コストを価格に転嫁すると売れ行きが落ち、業績が悪化します。

企業による価格転嫁の決断は、どの程度、市場で力を持っているかによって変わってきます。競争力のある企業で働いている人にとって、インフレは何とか生活を維持できるという意味で、中立的と考えることができます。いっぽう、競争力が弱い企業に勤務している人にとっては、賃金が上がらず、物価だけが上がるという状態になり、確実に生活を圧迫します。

　ですから、インフレ時代にしっかりとした人生設計を行うには、自身が勤めている会社がどの程度、競争力があるかを理解しておく必要があるでしょう。

　収入が物価上昇に追い付かないことが問題なのだとすると、インフレによってもっとも深刻な影響を受けるのは、年金生活者です。

　現在の公的年金制度には、物価や賃金の上昇に合わせて年金額を増やす仕組みがあります。物価や賃金が上がれば、多少のタイムラグはあるものの、その分だけ年金は増えるはずです。ところが政府は、高齢者の増加にともなう現役世代の負担増を回避するため、年金を減額する措置も同時並行で進めています（マクロ経済スライド）。つまり、物価や賃金の上昇に合わせて支給額を増やすアクセルと、支給額を減らすブレーキを同時に踏んでいる状態です。年金財政は当分の間、悪化が続きますから、減額措置も、長期間にわたって継続される見通しです。

　そうなると、物価が上昇した分、年金額が増えるはずが、増えた分については減額制度で差し引かれるという状態が続きます。大雑把《おおざっぱ》に言えば、物価が上がったほどには年金は上がらない仕組みですから、年金生活者にとっては、生活水準の低下が予想されます。

単純な節約では乗り切れない

物価が上がっても収入が増えない状態に陥った場合、多くの人は節約で事態を乗り切ろうと考えます。確かに、収入が増えない時、節約は最大の対処法ですが、相手がインフレの場合は、従来とは違った考え方が必要でしょう。

単純に収入が減って可処分所得が少なくなっているだけなら、それは自身の問題ですから、市場の側に変化はありません。通常、次の対策が考えられます。

①より安い商品を探す
②代わりになる商品を探す
③購入を我慢する

順を追って解説しましょう。

同じ商品を買うにしても、より安い商品を見つけられれば、支出額を減らすことができます。スーパーをハシゴして安い店を探すという行為は、①の典型的なパターンです。

仮に欲しい商品の購入をあきらめたとしても、その代わりになるものを見つけることができれば、従来の生活を維持できます。毎年、海外旅行に行っていた世帯が国内旅行に切り換えるといったケースは、旅行に支出するという部分では同じですが、代わりとなる別のサービスに切り換えたということですから、②に相当します。

いっぽう、生活に欠かせない商品については支出を削《けず》ることができませんから、多くの場合、節約は贅沢品が対象となります。それでも効果が不十分だった場合、徐々に生活必需品に近い支出も削減の対象にしていくことになります。人には消費欲というものがありますから、通常、③はあまり選択されないと考えてよいでしょう。

ところが、全世界的にインフレが発生した場合、状況は大きく変わります。インフレが進むと、節約の王道である①と②の手段が使えなくなってしまうからです。

インフレになると、理屈上、世の中にあるすべての商品の価格が上がります。商品によって時間差はありますが、インフレ時代には価格が上がらない商品は存在しないと考えたほうがよいでしょう。

そうなると、①を選択し、相対的に安い商品を探しても、価格の絶対値は上がっていくことになります。賃金が上がっていない人にとっては、購入が難しくなるという点では何も変わりません。②で仮に代替の商品を見つけることができても、インフレが進んでいる以上、価格は上がっていきます。所得が増えていなければ、負担の増加になるという点ではやはり同じです。

では、インフレが進むなかで、①と②で効果を上げるにはどうすればよいのでしょうか。

これまでとは異なる対処法

第2章で解説した価格の仕組みをもう一度、思い返してください。商品の原価率はそれぞれバラバラであり、原価率の違いによって価格が上がりやすい商品とそうでない商品に分かれます。

インフレの場合、コストが上昇しますから、最終的にはすべての商品価格が上がっていきますが、商品ごとに価格が上がるタイミングにズレが生じます。具体的には、次の順番で価格が上がっていきます。

加工程度が低い食品→加工程度が高い食品→調理が必要な食品→加工程度が低い工業製品→加工程度が高い工業製品

２０２１年後半から商品の値上げが顕著となっていましたが、真っ先に価格が上がったのは、パン類や食用油など加工程度が低い食品でした。その後、菓子類、即席麺、冷凍食品などに値上げが波及し、さらに外食の値上げにつながってきたという図式です。

あくまで一般論ですが、この順番は値上げが進む順番であると同時に、単価が高いという点で価格の順番でもあります。つまり高額商品ほど、価格が上がるタイミングは遅いということになります。

日頃から節約を心がけている人ならよくわかると思いますが、単価の安い商品で節約しても、全体的な効果は高《たか》が知れています。１００円の野菜を95円で買えたところで、家計全体では大きな数字にはならないのです。企業のコスト削減にもまったく同じことが言えるのですが、節約というのは金額の大きいところから対処するのが鉄則です。

価格の高い商品ほど値上げのタイミングが遅く、節約の効果が高いわけですから、インフレ時代の節約は高額商品に徹底的に集中したほうがよいということになります。

高額商品の代表としては、大型家電や自家用車、さらに金額が大きい商品としては住宅などがあります。筆者は、インフレ時代の節約は、こうした高額商品だけに特化し、どうしても買い換えが必要になった場合、できるだけ価格が安い商品を選ぶのが王道だと考えています。

２０２２年春には食品類を中心に値上げが相次ぎましたが、家電製品の値上げは多くは10月からですから、やはり半年程度のタイムラグが存在しています。今のところ原油価格や食糧価格の上昇が続いていますから、今後、食品類が再び値上げされる可能性は十分にあります。そのような事態となった場合、そこから半年程度の時間差を置いて、家電などが、やはり再度値上げされていく可能性は高いでしょう。

食品が再値上げとなり、その時点で買い換えが必要な家電などがある場合は、価格が上がる前に買ったほうがよいとの判断が成り立ちます。たとえば、10万円の家電が13万円になると3万円の違いになりますが、100円、200円の商品で3万円分の節約をしようとすると、大変な労力と時間が必要です。やはり、インフレ時代における節約は高額商品に特化すべきでしょう。

自家用車は抜本的な見直しを

今のところ自動車は明確に値上げを表明していませんが、自動車という商品は顧客ごとにオプションを付け、最終的な価格を決める売り方ですから、知らないうちに平均単価が上がっている可能性があります。買い換えが必要な人は、早いうちに決断したほうがよいかもしれません。

しかしながら自動車については、今後の経済状況を考えると、①の安い商品を探すという選択肢ではなく、②で示した代わりの商品を探すという選択肢を重視したほうがよいと筆者は考えます。

インフレが進むということは、真っ先にガソリン価格が上がることと同義です。仮にタイミングをうまく捉えて自動車本体を割安で買えたとしても、インフレ時代にはガソリンやエンジンオイルなどの価格が跳ね上がるため、維持費の高騰は避けられないでしょう。

いっぽう、バスやタクシーといった公共交通機関はエネルギーを大量消費していますから、一見、原油価格の上昇の影響を大きく受けそうですが、そうでもありません。実は、バスやタクシーのコストに占める燃料費の比率は低く、コストの大半は人件費だからです。したがって、公共交通機関はあまり値上がりしにくいサービスと言うことができます。もちろん、エネルギー価格の高騰はコスト上昇要因ですから、最終的には運賃は上がっていきますが、自動車本体やガソリン価格と比較すると、公共交通機関の値上げ幅やそのスピードは緩やかと考えて差し支えありません。

自動車産業には気の毒ですが、筆者は今回のインフレをきっかけに、消費者は自家用車の保有を本格的に見直すべきと考えます。地方に住んでいたり、クルマがないと仕事ができないような人を除き、可能な限り、公共交通機関を使ったり、カーシェアなどを活用するなど、自家用車の代替を本気で検討したほうがよいでしょう。

読者のなかには、今後、自動車はＥＶ（電気自動車）化が進み、燃費が良くなるのだから、ＥＶなら問題ないのではないかと考えた人もいるかもしれません。

確かに、ＥＶの普及と再生可能エネルギーの普及は基本的にセットであり、再生可能エネルギーの発電コストは火力や原子力などと比較すると圧倒的に安くすみます。政府が適切なエネルギー政策を実施し、日本国内の電力の大半を再生可能エネルギーで賄えるようになれば、電気代が大幅に安くなる可能性は高いでしょう。

しかしながら、欧米各国と比較して、日本の再生可能エネルギーに関する技術力は低く、仮に政府が本気で導入を進めても、欧州のようなペースでは普及しない可能性があります。専門家の一部からは、再生可能エネルギーの主力となる風力発電技術の大半は海外に依存しており、無理に国産にこだわった場合、日本での発電コストはあまり下がらないとの指摘も出ています。

これは実際にプロジェクトを進めてみなければわかりませんが、少なくとも今後5年程度の期間において劇的な進展はないと見たほうが自然です。長期的にはともかく、当面の生活設計は、できるだけ自動車を使わないことを前提にしたほうがよいと筆者は考えます。

住宅ローンは固定金利か、変動金利か？

住宅については、多くの人が住宅ローンを利用して住宅を購入していますから、最終的な支出額を考える場合、物件価格の推移に加えて、金利動向にも注意を払う必要があります。

住宅ローンの支払額は、金利が上がるほど増えていきます。一般論として金利は物価に比例して上がっていくものですから、今後、インフレが進んだ場合、住宅の物件価格が上昇すると同時に、住宅ローンの金利も上がり、消費者にとってはダブルで支出額が増えると考えたほうがよいでしょう。

もし今後も継続して物価が上がることが予想される場合、住宅を購入することを決めているのであれば、できるだけ早く物件を購入し、かつ住宅ローンは物価が上がっても支払額が増えない固定金利を選択したほうがよいということになります。

筆者は職業柄、「住宅ローンは固定にしたほうがよいでしょうか？　それとも変動にしたほうがよいでしょうか？」と質問されることが多いのですが、この答えは、将来の金利が上昇するか、下降するかで結論は正反対になります。

どのタイミングで金利がどれくらいになるかを予想するのは、プロのトレーダーでも難しいことですから、基本的に正確な予想は不可能と考えるべきです。加えて言うと、住宅は多くの人にとって一生を左右する重大な買物であり、しかも住宅ローンは、場合によっては30年という長期にわたって生活に影響を与えます。

つまり、住宅ローンの金利は変動と固定のどちらがトクかという金銭的な視点ではなく、破産など最悪の事態を回避するというリスク管理的な考え方で選択すべきです。

筆者は、今後インフレが進む可能性が高いことを前提に本書を書いていますし、読者のみなさんも本書を手に取って読んでいるということは、何らかの形でインフレの可能性について意識しているはずです。継続的に物価が上がれば、確実に金利も上昇しますから、変動金利でローンを組んだ場合、将来、ローンの支払額が増える可能性があるとの推測が成り立ちます。いっぽう、いつの時点で物価がいくらになり、その時に金利が何%になるのかを正確に予想することは不可能です。

もし年収が高い、あるいは共働きなどで収入源が多い、または預貯金がたくさんあるなど、経済的に余裕がある世帯であれば、仮にローンの支払額が増えても、対処できる確率が高くなります。いっぽう、経済的に余裕がない世帯の場合、想定以上に金利が上がってしまうと対処のしようがありません。

ですから、多少の支払額増加なら十分に対処できる、余裕のある世帯は変動金利でも構わないと思いますが、収支がギリギリという世帯の場合、安全性を考えると固定にしたほうがよいでしょう。このあたりは非常に難しい決断を迫られますから、慎重に検討を進めてください。

家賃は上がらない⁉

住宅価格が上がったり、ローンについて難しい選択を迫られたりすれば、持ち家よりも賃貸のほうがいいと考える人も増えてくるでしょう。では、インフレが進むと、賃貸住宅の家賃はどうなるでしょうか。

これもあくまで一般論であって断定はできませんし、例外も多く存在するでしょうが、家賃は物件価格ほどには上昇しないことがほとんどです。

インフレが進めば、あらゆる商品の価格が上がりますから、賃貸住宅の家賃も例外ではありません。物価が上がって物件の取得コストが上昇すれば、当然、家賃にも反映されるのですが、物件を保有している貸主（大家《おおや》）からすると、簡単には家賃を上げられない事情があります。

多くの消費者にとって、住宅への支出は家計のなかで大きな割合を占めます。物価が上がったからといって、貸主が家賃を大幅に引き上げてしまうと、借主が契約更新時に出て行ってしまうことは確実です。すると、借主が出て行くたびに、大家は壁紙を貼り替えたり、壊れた所を修理したりするなど、かなりの修繕コストをかけなければなりません。かつては高額の敷金などを徴収して、その経費に充当していましたが、現在は法外な敷金は許容されなくなっています。つまり大家にとって、頻繁に借主が入れ替わることは、収益の悪化要因なのです。

また住宅の場合、すこし遠くに行けば、同じグレードの家でも家賃が下がりますから、借主側にはかなりの選択肢があります。もし世の中の大家全員が結託して家賃を引き上げれば話は別ですが、現実問題として物価が上がったからといって、簡単には上げられません。最終的には、物価が上がれば家賃も上がりますが、そのペースは不動産価格よりは緩やかになると思ってよいでしょう。

日本は人口減少が進んでおり、基本的に住宅は余っています。需要よりも供給が多い状態ですから、普通に考えれば、借り手のほうが有利になります。しかしながら、利便性が高い地域とそうでない地域の格差が拡大しているため、人気のあるエリアの物件では、必ずしも借り手が有利とは限りません。また、最近では事情が変わってきたとはいえ、高齢者には家を貸さないという大家も多く、生涯にわたって賃貸のままでよいのかは何とも言えません。

このように、住宅については多くの要素が複雑に絡み合いますから、最終的には、自身のライフスタイルや価値観にもとづいて決断するよりほかありません。

保険の再考① 医療保険、生命保険

毎月の支出額はそれほどではなくても、総額で考えた場合、保険も高額商品の1つです。保険を見直すことで、家計の支出を大幅に減らすことができますから、うまく対処できれば大きな節約効果を得られます。

実は、多くの人が保険について間違った考えで加入を決めています。保険は、死亡や病気など何か非常事態が発生した時、それに対して金銭的にカバーしてくれる金融商品です。したがって、加入者がどのような非常事態を想定して、その時にいくら必要なのかを理解していなければ、適切な保険に加入することはできません。

ところが、多くの人は、この基本原則をないがしろにしています。実際、「なぜ保険に入るのですか?」と聞くと、たいていの人は「イザという時のため」と答えます。では、「イザという時」は具体的に何を指して、その時にどれくらいのお金が必要なのかを聞くと、はっきり答えられない人がほとんどです。

病気と死亡では対処方法がまるで異なりますし、必要な金額も大きく変わってきます。まずは病気への対処、すなわち医療保険を考察してみます。

日本には国民皆保険制度があり、保険料さえ納めていれば、どのような病気でも、原則3割の自己負担で病院にかかることができます(この制度は世界に誇るべきものであり、何としても維持していく必要があると筆者は考えます)。

さらに、がんなど大病には高額療養費制度が用意されており、医療費がどんなに高額になっても自己負担が一定割合を超えない仕組みになっています。

たとえば、実際にかかった医療費が100万円だったとしても、最終的な自己負担額は6万円程度ですむことがほとんどです（年収によって金額は異なります）。病室を個室にした時の代金（差額ベッド代）や病院での食事などは自己負担ですが、純粋な治療費はそれほど大きな金額になりません。ただ、上限を超えた分については、退院時にいったん支払い、その後の払い戻しとなりますから、立て替え分は自身で確保する必要があります（一部緩和措置あり）。

整理すると、公的保険を利用している限り、かかるお金は治療費の自己負担分と病院での食事、高額療養費制度を利用する際の立て替え分ということになりますから、とりあえず100万円程度のお金があれば何とかなります。さらに、会社員であれば、傷病手当金を使うこともできますから、入院中に働けない分についても、3分の2程度は支給を受けることができます。

一連の状況を総合的に考えると、それほど高額の医療保険は必要ないことがわかります。人によっては長期入院を余儀なくされることもあり、それを心配して保険に入る人もいるかもしれません。しかし、非常に言いにくいことですが、統計上、長期入院する患者さんのほとんどは予後《よご》が悪いケースです。そうなると医療保険よりも死亡保険の範疇《はんちゅう》に入りますから、商品の選択基準そのものが変わってくると考えてよいでしょう。

続いて、死亡への対処、すなわち死亡保険（生命保険）について考察します。

死亡保険についても、金額を十分に検討する必要があります。世帯主が入る死亡保険の平均的な保険金額は１０００万円台と言われています。子育て世帯の場合も、２０００万円程度の保険に入っているところがほとんどでしょう。

仮に２０００万円の死亡保険に入っているとして、先に夫が死亡して妻が残された場合、妻に収入がなければ、２０００万円で生活できるのは数年ということになります。これが３０００万円に増えたところで、その期間がすこし長くなるだけで、残された家族はその後、何とか収入を確保して自活していくよりほかありません。

ですから、保険金は新しい生活を立て直すまでの一時金にすぎないという現実を再認識する必要があります。逆に考えれば、それなりの貯蓄があり、かつ新しい収入源を確保する準備がある程度できているなら、それほど高額の死亡保険に入らなくても大丈夫ということになります。

自身のスキルはどの程度なのか、貯金だけでどの程度、生活を維持できるのかなど、総合的に判断して死亡保険の金額を決めることが重要です。月に何万円もの保険料を支払っている人の場合、本当にその保険が必要なのかもう一度、整理したほうがよいでしょう。

保険の再考②　貯蓄型保険

インフレが進むことを前提にした場合、注意すべきはいわゆる貯蓄型の保険商品です。

先ほどから説明している通り、保険は病気や死亡などイザという時のために備える金融商品ですから、原則として保険金は掛け捨てとなります。しかし、掛け捨ての商品ばかりでは売れ行きが悪いので、保険会社は「貯蓄にもなりますよ」といった形で貯蓄もできる商品を数多く揃えています。

しかし、イザという時のために備える保険という商品と、資産を運用するための貯蓄あるいは投資の商品は、原理的にまったく別物であり、両者が一体になることはありません。したがって貯蓄型の保険商品という名称であっても、実際は保険商品と投資商品の組み合わせと考えるべきです。

複数の商品が一緒になると、消費者にはその中身が見えにくくなります。筆者は金融機関に勤務したこともありますから、金融についての専門知識がありますが、それでも、複数の機能が混在した商品はわかりにくいと感じます。

複合商品はあまりお勧《すす》めできませんし、自身でも購入しないのですが、それはともかくとして、利用者のニーズに合っているのであれば、保険と貯蓄を組み合わせた商品にも意味があると思います。しかしながら、この話が成立するには、保険会社がうまく運用すれば――という大前提がつきます。

ところがインフレ時代には、その前提条件が崩れてしまう可能性が高いので要注意です。投資については本章後半で詳しく解説しますが、インフレが進む時代においては、投資の難易度がきわめて高くなるのが一般的です。不景気とインフレが共存するスタグフレーションの場合、その傾向はさらに顕著となり、プロの投資家でもなかなか投資成績を上げられなくなるケースが続出します。

ですから、インフレが進む時代においては、貯蓄性の保険商品の魅力は大幅に減ると考えたほうがよいでしょう。インフレ対策として投資を考える場合には、投資商品のなかから適切なものを選び、保険は保険で純粋に保険商品として優れたものを購入したほうがよいと筆者は考えます。

銀行預金は要注意

ここまでは、主に支出を抑制する節約の話でしたが、ここからはインフレ時代において資産をどのように管理したらよいのかという運用の話に移ります。

デフレの時代においては、現金は最強の投資対象などと言われてきましたが、インフレ時代はまったくの逆になります。インフレが進んでいる時に多額の現金や銀行預金を保有していることは損失につながることを頭に入れておく必要があるでしょう。つまりインフレ時代において、現預金の保有はご法度《はっと》なのです。

繰り返しますが、インフレとは継続的に物価が上がることを意味しています。たとえば、今年100万円だった自動車が5年後には150万円になっているという話です。この時、私たちの銀行預金はどうなるでしょうか。

今、銀行に預けている100万円を下ろせば、すぐに100万円の自動車を購入できます。しかし5年後には、この自動車は150万円出さなければ買うことができません。いっぽうで銀行預金は利子を除けば、5年経ってもやはり100万円のままです。つまり銀行預金の価値は5年で約3分の2に減ってしまったということになります。

インフレが進んでいる時、銀行預金や現金だけで資産を管理している人は、物価上昇分だけ、その資産を失っていきます。ただ、インフレというのはジワジワと進みますから、日常生活では現金の価値が下がっていることについてなかなか認識できません。5年や10年という時間が経過し、気がつくと自身の資産が減っていた、あるいはなくなっていた。これがインフレの怖さです。

銀行預金と同様、国債など債券に対する投資もインフレ時は大敵となります。

債券という商品は、満期まで保有していれば、その間に発行体（その債券を発行した企業や政府など）が破綻しなければ、毎年、一定額の利子を獲得できます。しかし満期になった時には、債券を買った時の元本《がんぽん》がそのまま返ってくるだけです。したがって利用者から見れば、債券の購入は、銀行にお金を預けて、利子を得ることと大きな違いはありません。仮に期間が5年の債券で、5年間で物価が1・5倍に上昇していた場合には、債券の購入者は実質的に損してしまいます。

このように現金、銀行預金、債券はインフレにおいて著しく不利なわけですが、逆に借金は有利に働きます。5年後に返済する契約で100万円を借りていた人がいるとしましょう。先ほど例に挙げたように、インフレが進み、5年後に物価が1・5倍になった場合、100万円の自動車は150万円になっているはずです。ところが100万円の借金は当初の契約通り、物価が1・5倍でも100万円を返すだけですみます。実はインフレが進んでいる時に借金をすると、インフレ分だけ利益を得ることができるのです。

だからといって、むやみに借金をすることは絶対にやめるべきですが、固定金利で住宅ローンを組んだようなケースでは、貸し主に対する支払い総額は変わりませんから、場合によってはインフレで大きな利益を獲得することも十分にありえます。

過度なインフレでもっともトクをするのは政府でしょう。

現在、日本政府は1000兆円の債務を抱えており、これが原因でなかなか金利を上げられないということは第3章で解説しました。もし金利が大幅に上昇する前に過度にインフレが進んだ場合、物価は急上昇しているにもかかわらず、政府の借金の額は変わりません。最終的に物価が2倍になれば、実質的に政府の借金は半分になります。

この時、国全体で見れば、国民が銀行に預けたお金が実質的に半分に減らされ、いっぽうで政府の借金は実質的に半減していますから、これは国民の銀行預金に多額の税金をかけ、政府の債務返済に充当したことと同じになります。財政学の世界では、インフレが進むことを「インフレ課税」と呼びますが、国民にとってインフレというのは物価上昇分だけ課税されることと同じになります。

日本政府は今のところ税収を増やすことで政府債務を減らそうとしていますが、南米各国のように、意図的にインフレを発生させ、国民から実質的に預金を奪って政府の借金をチャラにしようと試みる政府もあります。どちらがよいのかは国民の判断次第ですが、政府がインフレを放置した場合、基本的に重い税金が課せられていることと同じであるという現実について理解しておく必要があるでしょう。

インフレ時に売られる株、買われる株

このように、インフレ時の現金保有は大敵であることがおわかりいただけたと思います。では、物価が上がっている時は、何に投資をすれば資産の目減りを防げるのでしょうか。一般的にはインフレ時の投資対象は株式と不動産であると言われていますが、本当にその通りなのでしょうか。

単純な話をすれば、両者はインフレ時にも価値を維持することが可能です。

物価が上昇するということは、市場で売られている商品の価格が上がっていることを意味します。企業にとっては見かけ上の売上高が増えることになりますから、理屈上、株価はインフレ分だけ上昇するはずです。

もっとも、インフレはすべての商品価格が上がる経済現象ですから、企業にとっては売上高が増えた分、従業員の給料や各種経費も同じ割合だけ増やさなければなりません。したがって、利益率に大きな変化は発生しないので、実質的な株価はインフレ前と変わらないということになります。

さらに言えば、株価の現実の値動きはもっと複雑です。インフレによって物価が上がる

と消費者の購買力は低下しますから、商品によっては売れ行きが悪くなります。その結果、企業によっては業績が悪化することになり、株価が下がることがあります。ここで、気をつけるべきは、インフレによって見かけ上の物価は上がっているため、株価が下がっていないと錯覚してしまうことです。

たとえば、株価が１０００円の銘柄があったとして、物価が5年間で１・5倍になった場合、業績に変化がなければ、その銘柄の株価は5年後には１・5倍の１５００円になっているはずです。ところが、インフレによって売れ行きが悪くなり、業績が悪化した場合、その企業の株価は１３００円程度にとどまっているかもしれません。

数字の絶対値だけを見れば、株価が上昇しているように思えますが、物価上昇分ほどには上がっていませんから、これは実質的な株価下落と言えます。このように、単純に値動きを見ただけでは、上がっているのか下がっているのかわからないというのが、インフレ時代の投資の怖さです。常に物価上昇との見合いで株価を判断するクセを付ける必要があるでしょう。

ちなみに、インフレが発生している時には、ネット株のような期待先行の銘柄は売られることがほとんどです。また嗜好品や贅沢品を販売している企業の株価も低迷します。インフレ時代に株価があまり下がらないのは、生活必需品を売っている企業、エネルギーや食料などを取り扱っている企業です。次項で詳しく説明しますが、いくつかの条件をクリアすれば、不動産会社への投資、あるいは実物不動産への投資も有効でしょう。

不動産はインフレに強いと言われるが……

不動産は一般的にインフレに強い商品と言われており、インフレが予想される時に不動産を買うことはどこの国でも鉄則になっています。しかし日本の場合、特殊事情がありますから、不動産については条件付きの投資対象と考えてください。

実物不動産を現金で購入したり、固定金利の長期ローンを組んで購入している場合には、不動産への投資はきわめて有益です。

物価が上昇した分だけ不動産の価格は上がっていきますから、現金を保有している場合と比較して、資産の価値を維持することができます。しかし、金利によって返済額が変化するローンを組んでいた場合には、物価が上がると銀行への返済額も増えてしまうので、大きな利益にならないケースもあります。先ほど説明した変動金利での住宅ローンがこれに該当しますし、賃貸用の物件を短期ローンで購入している場合も、金利負担が大きくなりますから、必ずしも得策とは言えません。

不動産会社への投資も基本的な仕組みは同じです。負債の割合が高く、しかも短期融資の比率が高い企業の場合、資産価格が上がっても業績は悪化する可能性が高く、株価はあまり期待できないでしょう。

加えて日本の場合、今後、人口が急ピッチで減少することが予想されており、不動産は供給過剰になることが確実です。いくらインフレで不動産の価格が上がるといっても、賃貸ニーズがないエリアの物件についてはその限りではありません。

地域の中心地から遠いエリア、あるいは近いエリアにあっても、駅からの距離が遠い物件の価格はあまり上昇しないと考えてください。今後、インフレが進むにつれて価値を上げる物件とそうでない物件の格差が急拡大すると予想されます。日本の場合、もともと価値が高かった物件の価格がさらに上がる可能性が高いですから、投資をする際には、物件の選別を慎重に行う必要があるでしょう。

金《きん》には手を出さないほうがいい

一部の人はインフレと聞くと、金への投資を考えるかもしれません。

確かに、インフレが進む時は金の価格も上昇することが多く、インフレヘッジの有力な投資対象と言われています。しかしながら、金は特殊な商品であり、その特徴を理解せずに金投資を行うことは危険です。

一般的な投資対象と金の最大の違いは、金は持っているだけでは収益を生み出さないという点です。つまり、金は価格が上昇しない限り、収益を生み出さない商品なのです。

株式の場合、株価の値上がりが期待できるだけでなく、企業がしっかりと利益を上げていれば、配当を得ることができます。インフレ時に債券はお勧めできないという話をしましたが、債券も保有している間は利払いを受けることができます。ところが、金にはこうした利益の還元はいっさいありません。

それどころか、金は保有しているだけでお金が減っていく商品です。金を保有しておくには、貴金属会社に保管を依頼したり、自宅の場合には金庫を購入したりするなど、保管コストが必要となります。金への投資を金融商品化した金ETF（上場投資信託）などの商品もありますが、これも取引価格に変化がない場合には、毎日すこしずつ、その基準価格は下がっていきます。

こうしたデメリットがあるにもかかわらず、金が投資対象になるのは、インフレ時に価格上昇が期待できるからです。厳密に言うと、金は世界の基軸通貨である米ドルと反対の値動きを示すことがほとんどです。インフレでドルの価値が下がると金の価格が上がるという流れです。

金にはこうした特徴がありますから、インフレ対策になるのは事実ですが、あまり使い勝手の良い商品ではありません。万が一、インフレがあまり進まなかった場合には価格が暴落するリスクもあります。

ですから、金への投資は一定以上の資産を持ち、インフレ対策を実施しているものの、さらにリスクヘッジをしたいという投資家や富裕層に向いた商品です。あまり資産を持っていない人が、いきなり金に多くの資金を注ぎ込むことはやめたほうがよいでしょう。

外貨預金、外国株は条件次第で有効

日本の場合、インフレによる物価上昇に円安という要因が加わっていますから、外貨預金や外国株に投資するという選択肢もあります。

今、起こっているインフレは世界で同時に発生しているものですから、どの国の通貨であっても、現金を持っている限り、その価値は減価していきます。たとえば、ドルで生活している米国人にとって、ドル預金の保有は御法度なのです。

ところが日本の場合、円安という要素が加わっており、今の金融政策が続く限り、他の通貨よりも日本円はさらに価値が落ちる可能性が高いと予想されます。そうなると、米国人にとっては魅力的でなくても、円がさらに下がると考える日本人にとっては、米ドル預金のメリットが大きいというケースは十分に考えられます。

あくまで日本円の価値がドルやユーロなどよりも下がると予想する人に限定された話ですが、ドル預金はインフレ回避の有力な手段となるでしょう。

ドル預金は多くの銀行で取り扱っていますから、簡単に行えます。しかしながら、円からドルに替える時は手数料（あるいはスプレッド）が取られるので、ドルに替えた段階でコストがかかります。また、ドル預金はペイオフの対象外ですから、預けた銀行が破綻した時にはお金が返ってこない可能性があります。

さらに言うと、ドル預金を日本円に戻して利益が出た場合、雑所得となりますから、確定申告が必要になります。外貨預金ではなく外貨建てMMF（投資信託）にすれば、投資という扱いになるため、一般的な株式投資と同じ20％の申告分離課税ですみます。しかしながら、MMFはあくまで投資商品ですから、元本割れのリスクがあるという点については注意が必要でしょう。

米国株など外国株への投資については、当該通貨ベースでの考え方は日本の株式投資とまったく同じです。銘柄によってはインフレに応じて株価が上がっていきますが、インフレに弱い銘柄の場合、実質的に下落することもありえます。

ただ、先ほどから繰り返し説明しているように、日本円が下落することを予想しているのであれば、日本株に投資をするよりも、米国株に投資したほうが大きな利益が得られる可能性があります。このあたりは為替についてどう考えるのかによって変わってきますから、それぞれが戦略を練るしかありません。

世帯収入を拡大するには？

かつての日本であれば、生活が苦しくなっても節約することで何とか乗り切れたのですが、世界的なインフレとなると、そうはいかない可能性が高くなります。

こうした状況を抜本的に打開するには、世帯の総収入を増やし、購買力を高めていくしか方法はありません。もっとも、日本企業に勤めている限り、賃金の大幅な上昇はあまり望めませんから、副業などに積極的に取り組み、賃金以外の収入を増やすことが、より現実的な解決策ということになるでしょう。

政府は近年、年金財政が悪化していることから、国民に対して副業を推奨するようになっています。企業によっては副業を禁止しているところもありますが、政府が推奨している以上、そうした縛《しば》りは今後、緩くなっていくと予想されます。

筆者は若い頃、株式投資の原資を捻出するため副業を行っていました。今とは異なり、自身の周囲で副業をしている人はほぼ皆無でしたが、自身の経験として副業の効果は大きいと断言できます。体力的にはかなりきつかったですが、収入の絶対値が増えることは、経済的にはもちろん、精神的にもかなりのプラス効果をもたらしました。

さらに言えば、本業とは違う仕事をすることで多くを学びましたし、市場の厳しさも理解することができました。副業の場合、勤めている会社の看板は使えませんから、顧客からの要求は想像以上に厳しくなります。副業という新しい仕事を通じていろいろと揉《も》まれたことで、その後のキャリア形成によい影響をもたらしたことは間違いありません。

インフレが長期化すると予想される今、副業による世帯収入の拡大について真剣に検討することには、大きな価値があると筆者は考えます。

おわりに

本文で説明したように、賃金が上がらないなかでのインフレは非常にやっかいであり、経済政策的には何としても回避すべき事態です。日本は長くデフレが続いたせいか、デフレさえ脱却すれば、すべてがバラ色に解決するという声高な主張が溢れかえっていました。

筆者を含む一部の専門家は、ひとたびインフレが発生し、それをうまくコントロールできなくなった場合、深刻な事態に陥る可能性があるとして、安易にインフレ誘導することはリスクが高いと指摘してきました。ところが、こうした意見を述べると「日本をつぶす気か」「日本をダメにする工作員」などといった誹謗中傷《ひぼうちゅうしょう》を受ける有様《ありさま》で、まともな議論すらできない状態でした。非常に残念なことですが、こうしている間にも事態は悪化し、日本経済は筆者らが心配していたシナリオに突入しつつあるようです。

では、今後さらにインフレが進み、従来型の節約という手段が使えない場合、家計はどうすればよいのでしょうか。

第6章で解説したように、残された選択肢は消費の絶対額を減らす、もしくは収入の絶対値を増やすという二者択一、もしくはその両方ということになります。

現実問題として必要な消費を我慢するというのは精神衛生上、良くありませんし、食品など健康にかかわる部分の支出を削ることはよほどの事態でもない限り、回避すべきです。そうなると、副業や投資によって世帯収入を増やすという努力がどうしても必要となってきます。あくまで慎重に、というのが大前提ですが、資金に多少、余裕のある人は、投資による資産形成についても検討したほうがよいでしょう。

これまで見てきたように、インフレが進んでいる時に資産の多くを銀行に預けておくことは危険です。インフレによる資産の目減りを回避するには、何らかの形で価値を維持できるもの（株や不動産など）を購入する必要がありますが、投資はリスクとの引き換えです。投資をするにあたっては、リスクについて十分に理解した上で、決断してください。

いっぽう、そこまでの資金がない人は、やはり副業などで収入を増やすことを検討すべきでしょう。すこし皮肉な言い方になるかもしれませんが、貯金ゼロという人は、インフレでも思ったほど大きな影響は受けません。確かに物価上昇分以上に賃金が上がらないと、生活は苦しくなりますが、そもそも資産を持っていなければ、資産が目減りすることはないからです。とにかく、稼ぎを増やすことに集中し、余裕が出てきた段階で投資について検討するのがよいと思います。

繰り返しになりますが、インフレは国民にとって非常にやっかいな出来事です。しかしながら、経済というのは生き物ですから、多少、時間はかかるものの、企業もいずれはインフレに適応し、やがて賃金も上がっていくことが予想されます。こうした事業構造の転換には時間がかかりますから、すぐに効果が発揮されるわけではありません。

それまでの間は、やはり「自分の身は自分で守る」という強い意志が必要ですし、そのためにはインフレという敵についてよく知っておくことが重要です。本書がその一助となることを筆者は心から願っています。

本書は、祥伝社の飯島英雄氏の尽力で刊行することができました。この場を借りて謝意を表したいと思います。

2022年9月10日

筆者記す

切りとり線

★読者のみなさまにお願い

この本をお読みになって、どんな感想をお持ちでしょうか。祥伝社のホームページから書評をお送りいただけたら、ありがたく存じます。今後の企画の参考にさせていただきます。また、次ページの原稿用紙を切り取り、左記まで郵送していただいても結構です。

お寄せいただいた書評は、ご了解のうえ新聞・雑誌などを通じて紹介させていただくこともあります。採用の場合は、特製図書カードを差しあげます。

なお、ご記入いただいたお名前、ご住所、ご連絡先等は、書評紹介の事前了解、謝礼のお届け以外の目的で利用することはありません。また、それらの情報を6カ月を越えて保管することもありません。

〒101-8701（お手紙は郵便番号だけで届きます）
祥伝社　新書編集部
電話03（3265）2310
祥伝社ブックレビュー　www.shodensha.co.jp/bookreview

★本書の購買動機（媒体名、あるいは○をつけてください）

＿＿＿新聞の広告を見て	＿＿＿誌の広告を見て	＿＿＿の書評を見て	＿＿＿の Web を見て	書店で見かけて	知人のすすめで

★100字書評……スタグフレーション

名前

住所

年齢

職業

加谷珪一　かや・けいいち

経済評論家。仙台市生まれ。1993年東北大学工学部原子核工学科卒業後、日経BP社に記者として入社。野村證券グループの投資ファンド運用会社に転じ、企業評価や投資業務を担当。独立後は、中央省庁や政府系金融機関などに対するコンサルティング業務に従事。現在、「ニューズウィーク（日本版本誌）」「現代ビジネス」など多くの媒体で連載を持つほか、テレビやラジオで解説者やコメンテーターを務める。著書に『新富裕層の研究』（祥伝社新書）、『戦争の値段』（祥伝社黄金文庫）、『貧乏国ニッポン』（幻冬舎新書）、『縮小ニッポンの再興戦略』（マガジンハウス新書）など多数。

加谷珪一オフィシャルサイト　http://k-kaya.com/

スタグフレーション
——生活《せいかつ》を直撃《ちょくげき》する経済危機《けいざいきき》

加谷珪一《かやけいいち》

2022年10月10日　初版第1刷発行

発行者……………辻 浩明
発行所……………祥伝社《しょうでんしゃ》
〒101-8701　東京都千代田区神田神保町3-3
電話　03(3265)2081(販売部)
電話　03(3265)2310(編集部)
電話　03(3265)3622(業務部)
ホームページ　www.shodensha.co.jp

装丁者……………盛川和洋
印刷所……………萩原印刷
製本所……………ナショナル製本

Printed in Japan　ISBN978-4-396-11666-8　C0233

〈祥伝社新書〉
歴史に学ぶ

545
日本史のミカタ
「こんな見方があったのか。まったく違う日本史に興奮した」林修氏推薦
国際日本文化研究センター所長 井上章一
本郷和人

588
世界史のミカタ
「国家の枠を超えて世界を見る力が身につく」佐藤優氏推奨
井上章一
小説家 佐藤賢一

630
歴史のミカタ
歴史はどのような時に動くのか、歴史は繰り返されるか……など本格対談
井上章一
国際日本文化研究センター教授 磯田道史

351
英国人記者が見た 連合国戦勝史観の虚妄
滞日50年のジャーナリストは、なぜ歴史観を変えたのか。画期的な戦後論の誕生
ジャーナリスト ヘンリー・S・ストークス

578
世界から戦争がなくならない本当の理由
なぜ「過ち」を繰り返すのか。池上流「戦争論」の決定版！
ジャーナリスト 名城大学教授 池上 彰

〈祥伝社新書〉
経済を知る

111
超訳『資本論』
貧困も、バブルも、恐慌も――マルクスは『資本論』の中に書いていた！
神奈川大学教授 **的場昭弘**

153
超訳『資本論』第2巻 拡大再生産のメカニズム
形を変え、回転しながら、利潤を生みながら、増え続ける資本の正体に迫る
的場昭弘

154
超訳『資本論』第3巻 完結編 「資本主義」は、なぜ人々を不幸にするのか？
利子、信用、証券、恐慌、地代……資本主義の魔術をマルクスはどう解いたか
的場昭弘

390
退職金貧乏 定年後の「お金」の話
長生きとインフレに備える。すぐに始められる「運用マニュアル」つき！
経済評論家 **塚崎公義**

478
新富裕層の研究 日本経済を変える新たな仕組み
新富裕層はどのようにして生まれ、富《とみ》のルールはどう変わったのか
経済評論家 **加谷珪一**

〈祥伝社新書〉
経済を知る

498
総合商社
その「強さ」と、日本企業の「次」を探る
なぜ日本にだけ存在し、生き残ることができたのか。最強のビジネスモデルを解説
専修大学教授 **田中隆之**

650
なぜ信用金庫は生き残るのか
激変する金融業界を徹底取材。生き残る企業のヒントがここに！
日刊工業新聞社千葉支局長 **鳥羽田継之**

625
カルトブランディング
顧客を熱狂させる技法
グローバル企業が取り入れる新しいブランディング手法を徹底解説
マーケティングコンサルタント **田中森士**

636
世界を変える5つのテクノロジー
SDGs、ESGの最前線
２０３０年を生き抜く企業のサステナブル戦略を徹底解説
ベンチャー投資家・京都大学経営管理大学院客員教授 **山本康正**

660
なぜ日本企業はゲームチェンジャーになれないのか
——イノベーションの興亡と未来
山本康正